SHODENSHA
SHINSHO

水素エネルギーで甦《よみがえ》る技術大国・日本

森谷正規

JN170599

祥伝社新書

はじめに

最近は、未来という言葉を聞くことが少ない。なぜだろうか。古い話になるが、一九七〇年代の初めに未来学ブームが生じて、未来がしきりに語られた。当時の日本は国の未来に大きな期待があり、国民の皆が夢を持つことができた。

ところが今の日本を見ると、七〇－八〇年代の大いなる発展の時代が経済バブルの崩壊で吹き飛ばされ、経済、社会は混迷に近い状況が長く続き、未来が消えてしまった。政治家も企業家も、学者、識者も、直面する難問をどうするかに齷齪《あくせく》するばかりで、未来を語るゆとりはほとんどない。日本が進む先がどうにも見えず、暗い中で未来を口にするのをはばかるのか、あるいはテーマが見つからないのか。

しかし世界を見ると、地球温暖化という極めて重大な問題がある。これは当面の難題ではなく、まさしく未来の問題だ。二〇一五年に開催された温暖化防止の国際会議であるCOP21では、温室効果ガスを二十一世紀後半にゼロにすると定めた。数十年後には、化石燃料の利用をほぼゼロにするという、非常に大きなエネルギー変革が不可避なのだ。

ところが日本も含めて世界各国の対応は、二〇三〇年ごろまでへの当面の対策に限られていて、地球全体でのエネルギーの未来像を描くという試みはほとんど行なわれていない。エネルギーには電力の他に、動力と熱源があるのだが、今は電力の脱化石燃料にばかり力を注いでいる。では、動力と熱源の脱化石燃料はどうするのか。それは水素エネルギーの活用になる。これは社会全体に大変革をもたらすことになるが、その嚆矢《こうし》が水素発電自動車だ。

地球温暖化防止へ向けたエネルギーの大変革は地球の危機を突破するのだが、それは同時に社会、経済を新たな方向へ大きく発展させる。未来を語るテーマはあるのだ。

日本はその先頭に立つことができる。水素発電自動車も、家庭用燃料電池の「エネファーム」も、日本が世界に先行しているが、日本の技術開発力に大いに適している技術であるからだ。水素エネルギー社会を築くことで、日本の明るい未来が開けてくる。それを完成させるのは三〇年ほど先であるが、今から未来を大いに論じないといけない。

三〇年先は遠いが、決して未来の物語ではなく、現在に結び付いている。それは二つあって、一つは日本の未来のエネルギーのあり方について、現実をしっかりと見極めることだ。端的に言えば、再生可能エネルギーを主柱にして化石燃料を大幅に減らすのは、とうている。これまで述べてきたように不可能である。その現実を認識することだ。これから四、五年、再生可能エネルギーの普及の動向を見れば、自《おの》ずから明らかである。したがって、原子力エネルギーは不可欠である。

もう一つは、水素エネルギーの利用を今から着実に進めてこそ、日本が世界を大きくリードできることだ。逆にこの機を逃すと、中国、米国にその主導的立場を奪われてしまう懸念も大である。手始めに、具体化の可能性として最も大きいのが、水素発電路面電車を日本中の各都市で走らせることだ。地域を大いに活性化する確かな成長戦略になるのは間違いない。

この日本の未来を深く考えるのは誰か。それは二〇歳代、三〇歳代の若者だ。三〇年後には社会を双肩で担っている人たちだ。あなた方が、いかにすれば三〇年後の日本社会が確たるものであるのか、自分の問題として深く考えて欲しい。

二〇一六年九月吉日

森谷《もりたに》　正規《まさのり》

目次

序章　水素エネルギー社会の構築が、なぜ必要か

地球温暖化防止の切り札　14
三〇年先の日本を救う水素エネルギー　17

第一章　水素エネルギー社会の全容と、日本の強み

1．水素エネルギー社会の全容　24

水素発電自動車は、電気自動車より有望か　24
路面電車の復活に期待　28
水素発電でコジェネレーションが進む　32
高炉は、水素還元製鉄へ　37

2. 水素エネルギーは史上最大のイノベーション　40
今は産業発展の完成期　40
いま話題のイノベーションは伸びない　44
3. 水素エネルギーにおける日本の強みと弱点　51
水素発電の構造と四つの型　51
二桁《けた》のコスト低下で日本が力を発揮　53
第二章　日本の技術力、産業力の強さを、いかに維持するか
1. 電機産業が韓国、台湾に敗れた理由　60
市場急変に対応できなかったＤＲＡＭ　60
液晶ディスプレイの敗退が打撃となったパソコン　62
2. 日本の技術・産業の強さを、相性で見る　68
「丹誠を尽くす」と「皆が協力して働く」が、日本の強さ　68
比較技術学という手法から生まれた相性の概念　70

丹誠、協働が不要なテレビ、重要な乗用車　74

3. 丹誠と協働は、日本でどのようにして育《はぐく》まれたか　77

心を込めてモノを作る日本　77
革新技術の開発で「集合天才」が力を発揮　85
丹誠と協働が活きる分野では、技術流出は生じない　88

4. 多様性を広げる戦略が、日本の生きる道　90

相性を見る尺度は優劣性、多様性、戦略性　90
なぜ日本は戦略に弱いのか　95
三〇年先を見通して立てる真の戦略　97

5. 人の働きの値打ちを上げる高付加価値生産性　99

ローテク産業のほうが相性が良い理由　99
海外生産に走らなかったコマツ　103
人の働きの値打ちを上げる　105

6. 「日本」を活かす三つの戦略　108

日本であるからできる製品を開発する　108

ＩｏＴを活用したサービス、メンテナンス　110
丹誠物を日本に買いにきてもらう　112

第三章　世界の中での日本を見通す

1. 産業地政学で産業列強を見る　118
これまでの米国、これからの中国　118
なぜ、産業地政学が必要か　120
産業におけるモジュラー型とインテグラル型　124
2. 米国はイノベーションの国　129
大量生産こそがイノベーションだった時代　129
情報によるイノベーションは成熟　136
イノベーションがない鉄鋼、自動車は強さを失った　138
依然として圧倒的に強いソフト産業　140

3．中国は蓄財の国　142
バブルが崩壊しても、やがて持ちなおす理由　147
政府が強力に支援する産業　149
高級機種で日本と激しく競合する機械産業　151
中国は商から工に向かう　156

4．悠久の国インドはゆったりと発展する　160
中国との共通点と相違点　162
いよいよ本格的な改革開放へ　164
シリコンバレーから技術者が帰ってくる　166
渇望される日本の原子力技術　169

5．日本は協働で成功する国　171
松下とソニーの成功の秘密　171
情報技術を機械に活かすＩｏＴで、日本は強い　175
インテグラル型産業で力を伸ばす　176

6. 日本はインドと組む　180
産業における米中日の力関係の変化　180
キャスティングボートを握る日本　183
水素エネルギーが産業地政学のパワーに　187

第四章　水素エネルギー社会を、いかに実現するか

1. これからの世界のエネルギー展開を見通す　190
再生可能エネルギーに不可避な、収穫逓減《ていげん》の法則　190
理想的ではない再生可能エネルギー　192
汚染牛肉を年間六〇〇キロも食べるか　194
再生可能エネルギーか原発かの秤量《ひょうりょう》へ　198
2. 非現実的な日本の脱原発　203
再生可能エネルギーと相性が悪い日本の国土　203
景観破壊、格差の拡大、電気料金の大幅アップ　208

妖怪のような空気に振り回されている　210
3. 中国は原子力で覇権を狙う　214
原発を猛烈な勢いで伸ばす　214
高温ガス炉で巨大プロジェクト　217
4. 原子力と水素を基にしたエネルギーの長期戦略へ　219
再生可能エネルギーを秤量する　219
水素エネルギー社会構築への二つの戦略　222
結びに
水素都市を宣言し路面電車を旗頭に　228
水素ステーション設置の得策　230
コジェネレーションを広げて電力自由化に参入　231
経済産業省の出番　233

序章　水素エネルギー社会の構築が、なぜ必要か

地球温暖化防止の切り札

トヨタが開発した燃料電池自動車「ミライ」が二〇一四年に市販され、ホンダも一六年三月に「クラリティ」をリース販売した。家庭用燃料電池「エネファーム」は、七年前から市販されている。水素エネルギー社会構築の扉が開いた。

水素は動力として鉄道、航空機、船舶、産業車両、建設機械などに広がり、発電装置は一kWから百、千、万kWと多様になり、コジェネレーション（熱電併給）が大きく進んで、都市の中にさまざまな規模の発電装置、プラントが広がっていく。産業では鉄鋼の高炉がコークスから水素に代わり、ボイラーの重油、軽油が水素に代わる。

水素エネルギーは三〇年も前から、未来の理想的なエネルギーであると言われていた。水素（H）をエネルギー源として利用すれば、酸素（O）と結合して、排出されるのは水（H_2O）であり、まったく無害だ。大気汚染の原因になる硫黄酸化物（SO_x）も窒素酸化物（NO_x）も出さず、また地球温暖化の原因になる二酸化炭素（CO_2）も出さない。

だが、肝心の水素の利用技術として確立されたものがなく、将来の夢とされていた。その夢が現実になるのだ。

水素エネルギーは地球温暖化防止にどうしても必要だ。世界のエネルギー消費の中で電力は20％（日本は25％）であり、動力と熱源が80％だ。その動力と熱源は、今はほとんど化石燃料であり、それを水素に代えねばならない。これはエネルギーの大変革である。そこで膨大な量の水素を生産し、供給しなければならないのだが、そのためには膨大なエネルギーが必要になる。それは後に述べるが、太陽光、風力などの再生可能エネルギーではとても賄《まかな》えず、高温ガス炉《ろ》か原発の原子力エネルギーの出番となる。

この水素エネルギー社会を一言で言えば、有限の資源である化石燃料の石油、石炭、天然ガスを地底から掘り出して利用するのを止めて、地球上に無限にある水を原料として工場で水素を生産し、それをエネルギーの主役にしようというものだ。

水素エネルギーが社会に本格的に普及するのは二〇年、三〇年先になる。三〇年は遠い未来ではない。一九九〇年に生じた経済バブル崩壊の後、失われた一〇年、失われた二〇年が過ぎ、間もなく三〇年になる。日本はこれから三〇年、水素エネルギー社会の構築で世界をリードすれば産業大国を維持できるが、そのためには今から着実に新たな産業、社会を築き始めねばならない。

この水素エネルギー社会の構築は、二十一世紀唯一のイノベーションであり、産業発展史上最大のイノベーションだ。これまで三〇年ほどは情報のイノベーションが大きく進んだが、情報に関しては何でもやってくれて、安くて子どもでも操作できるスマートフォンの普及で、もはや情報機器は成熟に達した。人工知能、ビッグデータなどの高度な情報の応用はまだ広がるが、社会、産業を大きく変革するものではない。

また、他の分野を見ても、革新的な技術進歩はない。

これからは、地球温暖化を防止するためのエネルギーの大変革こそがイノベーションとなる。それは大半の産業を巻き込んで社会を大きく変える巨大なイノベーションである。情報の時代からエネルギーの時代に変わるのだ。

日本は水素エネルギー利用技術で先駆けることができる。燃料電池は五〇年前からごく一部で実用化された革新技術だが、極めて高価であるために広がらなかった。したがってコストを二桁《けた》ほど下げるのが普及のカギだが、そうした技術開発は米国が不得手としているのに対して、日本は大《だい》の得意だ。

日本にとっては、産業、経済を大いに活性化する絶好機がやってきた。これを絶対に捉《とら》えて、世界をリードしないといけない。

三〇年先の日本を救う水素エネルギー

一方で、三〇年先に日本は、国内外で危機的な状況に陥っている恐れが大きい。人口は現在より二割減少し、総人口は一億人を切って経済は縮小する。財政危機の深刻化、社会保障の維持困難、インフラ劣化の三重苦が生じる。これは今後の日本が直面する深刻な危機だ。

この難題を解決できるのが、水素エネルギー社会の構築だ。産業を世界に向けて大きく発展させ、高い付加価値で生産性を二割アップさせれば、経済を維持することができる。

人口が減少するのだから、国内市場ではなく、海外市場に進出せねばならない。つまり輸出である。日本はもはや製品輸出で成長する時代ではないとする見方があるが、人口減少の中での経済力の維持は、やはり製品の輸出である。テレビや半導体などの情報機器、部品は国際競争力を失うが、乗用車など機械製品は水素利用で日本が断然強くなり、いっそう有望な輸出商品となる。

また国外での危機としては、三〇年先には実質のGDPで日本の七倍から一〇倍にもなる中国の存在が非常に強い脅威である。現在は日本の高い技術力が中国を牽制《けんせい》するカードになっているが、三〇年後には、中国も技術力を大幅に向上させているはずだ。日本の技術が必要でなくなれば、中国は政治、経済で、さらに強圧的に出てくるだろう。そこで新たなカードとして、水素エネルギー社会構築の技術を持たねばならない。

もう一つ中国の大きな脅威として、世間ではほとんど気づいていないのだが、原子力発電を挙げねばならない。原子力は水素の生産に必須だが、中国はそれに用いる高温ガス炉の開発に力を注いでいる。原発もこれから数年は、世界で新設される半数が中国で建設される状況であり、やがて輸出も伸ばし、中国は原子力によって、エネルギー覇権を狙《ねら》っていると見なければならない。

日本の強さを世界で活かして、水素社会へ

本書では、日本が水素エネルギー社会へいかに進むのか、日本の技術開発力の強さと世界展開を含めて総合的に示す。

第一章で水素エネルギー社会の全容を具体的に示し、それが二十一世紀における唯一で、産業発展史上最大のイノベーションであることを明らかにする。

水素エネルギー社会を開拓していくためには、日本の技術力・産業力の強さを三〇年先に向けて維持していかねばならない。そこで第二章では日本の強さの本質を見極める。

先端技術産業であり、一九八〇年代までは世界で圧倒的に強かった電機産業が、韓国、台湾に敗れた。一方で自動車産業は、日本が世界で断然強い。強い自動車産業と弱くなった電機産業の比較で、日本の強さを知ることが可能になる。

日本の強さの本質は「丹誠を尽くす」と「皆が協力して働く」であり、それが活きる産業は「相性」が良く、そうでない産業は「相性」が悪いといえる。端的にいえば、液晶テレビは「丹誠」と「協働」が活きないから日本にとって相性が悪く、自動車は大いに活きるから相性が良くて強い。

日本の強さを国際社会の中で活かすためには、世界の状況を見通すことが必要だ。第三章では、米国、中国、インドのこれからの産業列強とそれに対する日本について、産業力・技術力の将来を考察する。

国の産業、経済の発展を見通すには、多種多様な産業をいかに伸ばしていくかを把握することが必要になる。それを可能にするのが、私が提唱する「産業地政学」であり、各国の産業ごとの強さを「相性」で見て、その強さを基《もと》に国家間で産業がいかに競合するか協調するかを知ることができる。

第四章で、水素エネルギー社会をいかに構築するのかを示すが、重大な問題は、これからの世界のエネルギーの動向であり、脱化石燃料を実現するための再生可能エネルギーと原発の役割をどう考えるのかである。

そして、広範な分野での水素エネルギー利用をいかに進めていくか、そのロードマップを時期を追って示す。

日本を見詰めて、世界を見詰めて、エネルギー及び日本の将来を見通すのであり、三位一体として合わせて考えるべき総合的な問題だ。この複雑な問題を考えるのに必要になるのが「本質」と「違い」の認識であり、各国、各産業、各製品、各エネルギーなどについて本質を見極めて、個々の違いを把握することによって問題を解明していく。

国の針路を定めて明るい目標を

失われた二〇年が過ぎ、日本はアベノミクスによって経済はやや盛り返してはいるが、確たる動きではなく、先行きは不透明だ。それは、経済バブル崩壊の後、日本はどのような国を目指すのか、国の針路を見失っているからだ。国民も企業も将来への目標を失っている。そこで社会はもやもやした状態となり、前向きな行動にどうにも進めない。

水素エネルギー社会の構築こそが日本の未来への針路になり、明確な目標を持つことができる。それを達成すれば、日本は世界で確たる国家を維持して、国民は今と同様な誇りを持つことができる。これは「国家三〇年の計」として進めねばならない。

この「三〇年の計」が達成できなければ、日本は落魄《らくはく》した国家になる。

水素エネルギー社会の構築は遠い目標のように受け止められて、ただちに動き出す動機にはなりにくい。だが、すぐにでも大きく動かすべき状況になった。

英国のEU離脱によって世界経済が不安定さを増して、日本経済にも悪影響を及ぼす恐れがある。したがって、内需拡大へ緊急の対策を打ち出さねばならないが、有力な方策は、水素エネルギー利用を可能なものから、ただちに大きく動かすことだ。すぐにも実用化できる代表的なものは燃料電池路面電車であり、レールを敷くだけで設置できて、ただちに多くの都市で導入することができる。路面電車は華やかで大きくて目に付く。それが新しく街を走るとなると、活気に乏《とぼ》しい都市が元気を取り戻し、経済を大いに活性化する。

水素エネルギー利用の最大の問題は、価格が非常に高いことだが、補助金を大幅に増やすことで解決できる。政府は内需拡大への財政投資政策を打ち出すが、それを水素エネルギー利用に向ける。路面電車の建設は最も適切な施策で、経済波及効果も最も大きい。

なお、「燃料電池」は用語として紛《まぎ》らわしいので、これ以降は適切な用語に変えることにする。電池は電気を溜めるものだが、燃料電池はまったく違って発電装置だ。水素による発電では燃やすのではなく化学反応であり、燃料という語自体もおかしい。そこで、燃料電池は「水素発電」とすべきである。

なぜ間違った語になったのか。十八世紀に電気を溜めるものが生まれて、その構造からセル（細胞）と呼ばれた。そのセルが日本に入ってきて電池という名称になった。電気を溜めるものなので水を溜める〝池〟の語を用いたのだが、適切な日本語であった。

その後、燃料を用いるが燃やさずに発電する装置が生まれて、英語ではフューエル・セルと言われた。電池と同じセルという語が用いられたのは、プラスとマイナスの層があって、その間を電子が流れて発電するシンプルな構造がよく似ているからだろう。

そしてフューエル・セルを日本語にする際に、そのまま燃料電池としてしまった。「溜める」と「発電する」という本質的な相違を考えずに、軽率であった。

水素発電に正すのは容易ではないが、トヨタ、ホンダが新聞発表の際に「水素発電自動車」と言ってくれれば、新聞もテレビもその言葉を使うようになるだろう。

第一章　水素エネルギー社会の全容と、日本の強み

1. 水素エネルギー社会の全容

水素発電自動車は、電気自動車より有望か

まずは、水素エネルギー社会の全容を示そう。水素の利用は、エネルギーのあらゆる分野に及ぶが、大きく分けると、動力、電力、熱源の三つになる。

まず動力の代表である自動車だが、トヨタの「ミライ」で、水素発電自動車の時代が口火を切った。しかし七二三万円で、政府の補助金二〇二万円を引いても相当に高価だ。ホンダは「クラリティ」で続いたが、価格は七六六万円で、当面はリース販売に止《とど》まる。

このように水素発電自動車はとても高価だが、この先どうなるのか。トヨタは、二〇二〇年に年間三万台生産という目標を立てている。経済産業省の審議会がまとめた目標は、二〇年までに四万台、二五年までに二〇万台、三〇年までに八〇万台となっている。

これから徐々に車種を増やしていくだろうが、トヨタは、五〇〇万円台の車を二〇一九年に販売する計画だ。いずれにしても、水素発電自動車の広い普及には、まだかなりの時間を要する。

さて、水素発電自動車と電気自動車では、どちらが未来の車として有望であろうか。電気自動車は日産の「リーフ」が二〇一〇年に発売されたが、伸びは思わしくない。それは蓄電池の価格が非常に高く、なかなか下がらないからだ。また、走行距離が短いという問題があり、充電スタンドがなかなか増えない現状では、遠出するのに不安がある。環境に好ましいとも言われるが、ガソリンエンジン車に対して格別の利点はない。

肝心なのは蓄電池だが、私はこれまで、技術進歩が遅いものの代表として蓄電池を挙げてきた。電気を溜める、エネルギーを溜める技術は、本質的にたいへん難しいのだ。

水素発電自動車は、今は電気自動車よりも高価だが、低価格化が進む可能性は大きい。高価格の原因は、触媒に白金《はっきん》（プラチナ）を使用することと、精緻《せいち》で複雑な構造であるため生産コストが高いことだが、白金は安価な代替物の開発が進められている。生産コストは本質的な問題ではなく、年月を重ねて、また量産規模が大きくなれば低下する。ガソリン車に対しては、走行距離が長いという利点がある。

もう一つ重要な点は、電気自動車も水素発電自動車も、災害時の停電の際に、家庭や社会全般への電力供給源になることだ。だが電気自動車は蓄電池の容量が大きくはなく、すぐに使い切ってしまうのに対して、水素発電自動車は発電量が数倍大きく、また水素を供給すれば発電を続けることができる。非常時の電源としては、格段に優《すぐ》れている。

以上のことから、水素発電自動車はある段階から、電気自動車を抜いて普及が進むと予想される。

まずは、バス、トラック、タクシーから

水素発電自動車の普及には、水素ステーションの普及が不可欠だが、これには五億円の建設費を必要とする。したがって急激な普及はむずかしい。どうするか。

乗用車の普及は少し先になるが、一方でバス、トラック、タクシーでの普及は、早められる可能性がある。水素発電自動車の最大の利点は走行距離が長いことであり、六〇〇キロから七〇〇キロになる。長い走行距離を活かし、水素ステーションの問題を解決するのが、バス、トラック、タクシーである。数十台から一〇〇台以上が待機する車両基地があり、そこに水素ステーションを設ければ効率的な水素補充が可能になる。

水素発電バスは、トヨタの水素発電装置を用いて日野自動車が開発していて、空港のリムジンバス、ランプバスなどで実証走行が実施されている。東京都は水素発電バスの導入

に積極的であり、二〇二〇年のオリンピックまでに一〇〇台以上に増やす計画である。

トラックでは、ヤマト運輸が水素発電トラックの実証走行を始めている。宅配便の集配基地は街中にいくつもあり、水素ステーションを設置して一般の水素発電自動車も利用できるようにすれば好都合である。ヤマト運輸は五万台、佐川急便は二万五〇〇〇台の車両を保有しており、その一部にでも導入すれば相当な台数になる。日通など大手の運送会社は、超長距離を走るトラックでの利用価値が大きい。

タクシーは、大手の会社が一部の車に採用すれば、乗車率の上昇も期待でき、会社のPRにもなって、高価でも導入の意義があるだろう。

自動車ばかりではなく、産業車両、建設機械、鉱山機械、農業機械などにも、やがて水素発電・モーター系の動力が用いられるだろう。また、社会サービスの分野に各種のロボットが生まれているが、産業用ロボットとは違って動き回るものが大半だ。ところが今の蓄電池では動く距離、時間が限られる。水素発電装置を搭載すれば、その距離、時間が格段に増える。

なお、ガソリンエンジンを水素で走らせる自動車の開発も進められている。

路面電車の復活に期待

鉄道は、多くが電力で走っている。電気を取るためには架線とパンタグラフが必要だが、これがなかなか厄介《やっかい》ものであり、事故が多く、その場合は長時間にわたって電車が止まる。だが、水素発電電車にすれば、架線とパンタグラフは不要になる。

JR全体の研究機関である鉄道総合研究所は、リチウムイオン電池を組み合わせた水素発電電車を開発していて、水素発電装置や水素の低価格化が進めば、JRのローカル線を走るディーゼル車に代替して実用化する目論見《もくろみ》があるという。

すぐにも実現したいのが路面電車だ。欧州では、たいていの大都市、中都市にあるようで、テレビなどでモダンな車両が二、三台連結で走っているのを目にする。

羨《うらや》ましいのはその都市のほとんどで電線が地下埋設されていて、空がスッキリしていることだ。したがって、路面電車の走る道路にのみ架線が張られている。これも水素発電電車を導入すれば、なくすことができる。日本が実用化を進めていけば、欧州でも日本製車両の導入を検討するにちがいない。

日本でも路面電車は、これから伸ばしていくコンパクトシティには、ぜひとも必要な交通機関だ。架線を張って復活するのは容易ではないが、水素発電電車であれば、レールを敷けばいいだけだ。地域活性化にも大いに役立つだろう。

新幹線も、パンタグラフとそのカバーは高速化の妨《さまた》げであり、架線はメンテナンスに膨大な手間がかかっている。水素発電電車を導入すれば、その問題も解決する。

世界の高速鉄道の受注競争で中国は侮《あなど》れないが、日本が水素発電電車にすれば、格段に有利になる。特に発展国では、鉄道は大量の電力を必要とするので発電所の新設が必要になるが、水素発電高速鉄道であれば、それが不要だ。

在来の鉄道も、架線維持の費用が大きいので、運行の本数が少ない地方線では、水素発電電車がある程度安くなれば、経済的メリットも生じるだろう。また、発展国で新線を建設する場合でも、架線が不要であることは歓迎されるに違いない。

日本から始まって、将来は世界中の鉄道が、架線、パンタグラフなしで走るようになっていくだろう。

多種の水素動力で走る船舶

船舶も水素発電で航海するようになる。環境省は漁船を想定した水素発電船を開発した。これは戸田建設が開発した浮体式洋上風力発電で発生した電気から水素を生産し、発電してモーターを回してプロペラを回転する。二〇ノットと漁船としてはかなりの高速だ。

大型の商船にも、やがては導入される。貨物船、タンカーなどの大型船は大型低速ディーゼルエンジンを用いているが、プロペラは毎分一〇〇回転ほどとゆっくりなので、エンジンも低速になる。ところが低速エンジンは大型で重量も大きくなる。水素発電とモーターであれば、回転数は自由に調整できてプロペラの回転数に合わせることができるので、大幅に小型化され軽量化する。その分、積載量を増やせるので商船には効果的だ。いずれ開発が進められるだろう。また非常な大馬力を必要とする超大型の船舶には、水素を燃料にするガスタービンも将来性がある。

大型客船や長距離フェリーは、客のために大量の熱を必要とするので、ここでもコジェネレーション（熱電併給）ができる水素発電が有利になる。

船舶は、船種、大きさ、スピードが異なるなど多種多様なので、水素による動力は、それぞれ異なるものになるだろう。

マッハ5の超音速旅客機が飛ぶ

航空機は原油を精製して添加剤を加えたジェット燃料を使っているが、それを水素に代えても、ジェットエンジンは水素用に改良すればよく、技術的には難しくない。水素が低価で大量に供給されるようになれば、やがて水素燃料に代替していくと予想される。

日本は、MRJ（三菱リージョナル・ジェット）でようやく小型ながらジェット機の開発、生産を行なうようになったが、そのエンジンは米国のP&W（プラット&ホイットニー）製を採用している。次は航空エンジンへの参入に期待がかかるが、水素燃料への転換で、その可能性も広がるだろう。

もっとも、今のジェット燃料の供給システムを水素に代えるには、膨大な投資を必要とするため、転換には相当の年月を要することになろう。

大きな期待は、超音速旅客機（SST）が誕生する可能性があることだ。マッハ4から5の超高速になると、エンジンに流入する空気温度が一〇〇〇度に達するため、現状の燃料は使えない。その点、極低温の水素燃料にすれば、空気を冷却して燃焼し、噴射することができる。

SSTは英仏共同開発のコンコルドが、二〇〇三年に営業を停止した。その後もSST

開発の構想はあったのだが、マッハを4以上にすると水素燃料が必要となる。だが空港に水素供給設備を設置するのは膨大な投資を要するために立ち消えになった。しかし、水素利用が社会に広く普及すれば、SSTの可能性が再浮上してくる。

日本はその基礎的な研究開発を開始している。JAXA（宇宙航空研究開発機構）は水素燃料のジェットエンジンを開発して地上燃焼実験を進めている。また、超音速で飛ぶ小型の機体モデルも開発して、風洞実験や飛行実験を行なっている。

マッハ5であれば、東京からロスまで二時間で飛ぶことができる。日本単独での開発実用化は難しいだろうが、米国との共同開発が検討されていいのではないか。

水素発電でコジェネレーションが進む

水素発電装置は一kWから百、千、万kWまで出力を自由に取れるのが大きな特色だが、他にも利点は多い。そこで発電装置の持つべき基本条件を挙げて、水素発電の優位性を○△×で表わしてみる。

1）資源が豊富である△

2）電力としての品質が安定している○
3）巨大な規模にできる○
4）規模が大中小、自由になる○
5）稼働、停止が自在にできる○
6）単位電力当たりの投資規模が少ない×
7）発電コストが低い△
8）耐久性が大きい○
9）環境影響が少ない○
10）事故が生じた場合の被害が小さい○

このように、水素発電が発電装置として非常に優れていることは間違いない。

発電効率は種類によって40―60％と違うが、装置の大きさによらず変わらないのが火力発電、原発にはない特徴であり、加えて騒音、振動がまったくなく、始動、停止が自在である点は、コジェネレーション（熱電併給）にとても有利だ。

コジェネレーションは、発電の際に生じる大量の廃熱が利用できて、効率が大きく向上するので、二〇年以上も前から大きな期待がかけられてきたが、普及は進まなかった。その大きな理由は、一般に電力の需要に比べて熱の需要は少ないのだが、発電に用いたディーゼル発電機の効率が30数%と低く、廃熱が三分の二もあって十分に利用できなかったからだ。

だが水素発電で効率が60%になると、40%の廃熱の半分でも利用できれば、全体の効率は80%にもなる。一〇〇万kWの火力発電は効率が40%だからその二倍だ。また、騒音、振動がないので、どこにでも設置できるのも大きな利点だ。

家庭用の水素発電は二〇〇九年から七〇〇Wの装置である「エネファーム」の実用化が始まっている。当初は三五〇万円と高価であったが、一六〇万円まで下がってきた。現在は全国で一二万戸ほどに採用されている。

なお、エネファームは、今は都市ガスを利用して改質装置で水素を取り出している。したがって天然ガスであり化石燃料を使うのだが、効率が高いので CO_2 の減少にはなる。だが、ここでも将来は、都市ガスが水素に代替されるだろう。

東京ガスは、二〇二〇年に三〇万台の普及を目標としているが、今のペースはやや遅い。そこで、パナソニックとマンション用装置を共同開発していて、これからマンションへの普及に注力するようだ。大阪ガスは、アイシン精機と組んでマンション向けの装置を開発していて、普及のペースが速まることが期待される。

ともかく価格を下げるのが課題であり、一〇〇万円を切れば大きく普及するだろう。政府はエネルギー基本計画で、二〇二〇年までに全国で一四〇万台、三〇年に全国で五三〇万台の導入を目標としている。エネファームによって水素発電装置の大量生産が大きく進むことの効果はとても大きい。水素発電装置は、基本的に小型を集積すればそのまま大型になるので、他分野への利用の道を開く。

この家庭用水素発電装置は、日本でしか開発されていない。他国で開発が急に進むとは思われず、海外への輸出に大きな可能性がある。

エネルギーも分散化、ネットワーク化へ

都市の中には、さまざまなかたちで水素発電装置が入ってくる。まず利用が進むのは、温水、熱水などを大量に利用する施設であり、ホテル、レストラン、銭湯、スーパー銭湯、スパ、温水プールなどだ。今はボイラーを用いて温水、熱水を作っているが、水素発電装置を導入すると廃熱でできる。電力は自由化が始まっていて、余れば売電できる。

ホテルは観光客の激増で数年内に建設が大きく進むだろうが、何とかそのチャンスを活かしたい。銭湯、スーパー銭湯、スパも海外からの観光客に喜ばれる。

温水プールは健康維持に役立ち、中高年向きとして伸びる可能性がある。水素発電の廃熱利用でコストが低くなれば、増えていくだろう。

オフィスビル、超高層ビル、大型商業施設は、これから省エネルギーが厳しく求められ、一定の成果を出すよう規制が設けられる。水素発電装置のコジェネレーションを導入することで、規制をクリアする有力な手段になる。

さらに、地域に向けた中小型の発電所にして地域冷暖房が可能になる。これは三〇年ほど前から期待が大きかったが、ほとんど進んでいない。水素発電になれば、廃熱の地域全体での有効利用ができて、可能性が大きく高まる。

水素発電装置の大きな利点の一つは起動が容易であり、稼働が自由自在であることだ。現在の電力の大きな問題点は、盛夏の日中に電力使用が非常に増えるために、それに備える必要から予備の発電プラントを持たねばならないことだ。また、一〇〇万kWのプラントは電力需要の少ない夜間も停止はできず、余剰電力をどうするかの大きな問題もある。水素発電を増やしていけば、弾力的な電気の供給に大きく役立つ。

一九九〇年代にパソコンが普及し、インターネットと結び付いて情報の分散化、ネットワーク化が進むと言われていた当時、私はコジェネレーションに注目していて、これを普及させてエネルギーも分散化、ネットワーク化を進めるべきだと発言した。その時代がようやく始まるのだ。

これまでは電力は、火力にしても原子力にしても、発電効率を高めるために一〇〇万kWと巨大なプラントとなり、日本中がその電力に頼っていた。これからも一〇〇万kWの発電プラントは必要だ。だが、一kWから、百、千、万kWと小から大までさまざまな規模の発電装置が生まれて、都市内の各所にさまざまなかたちで入ってくる時代が始まる。供給の多様化が大きく進むのであり、これが本当の電力自由化だ。そして、電力の生産、消費の効率が一段と高くなって、地球温暖化防止に大きく貢献する。

高炉は、水素還元製鉄へ

産業で化石燃料を最も利用しているのが鉄鋼生産の高炉であり、石炭を蒸《む》し焼きにして作るコークスを大量に投入するので、CO_2の排出が大きい。そこで水素を用いる水素還元製鉄を高炉三社が共同で開発し、新日鐵住金の君津《きみつ》製鉄所に世界最大の試験高炉を建設して、実験を行なっている。ここでは原料に石炭を用いるのだが、水素を大量に発生させ、それで還元するものであり、CO_2の排出は大きく減少する。これを基に、将来は石炭を用いない水素還元製鉄に進んでいくだろう。

セメント、ガラス、窯業《ようぎょう》、鋳鍛《ちゅうたん》造などの産業が、重油、軽油、石炭などの燃料を大量に使用するが、いずれは水素に代替される。熱水を作るボイラーは、工場、ビルなど各所に非常に多いが、その燃料は容易に水素に代えられる。そして、熱水はできるかぎり水素発電の廃熱で作るようにすれば、効率が向上する。

オフィスビルや商業施設では、天然ガスを原料とする都市ガスの利用が大きいのが空調である。冷房は、吸収冷凍機を用いてガスの燃焼による方式のものが多い。ガスが電気よりコストが低いからだ。将来は、そのガスも水素に代わる。

家庭では、石油ストーブはなくなり、ガスストーブはやがて水素ストーブになり、調理の熱源が水素になる。

以上のように、動力、発電、熱源での水素エネルギー利用の広がりは非常に大きい。

水素の輸送、貯蔵に三つの方法

水素は、輸送と貯蔵においても高度な技術を必要とする。水素は、密度が天然ガスの三分の一という軽い気体だ。それを輸送するには、三つの方法がある。

第一は、非常に高い圧力をかけて容積をぐんと小さくして輸送する方法。大量に運ぶには高圧ガスタンク車、少量であればボンベに入れて運ぶ。

第二は、マイナス二五〇度ほどに冷やして液体水素にして輸送する方法。これは大量輸送に適していて、遠距離を運ぶ場合には、LNG（液化天然ガス）船に似た船舶を作ることになる。液体にするには、LNGと同様に大規模な施設が必要だ。

第三は、そのままパイプラインで運ぶ方法だ。北九州市は「水素利用社会システム構築実証事業」を進めているが、市内の製鉄所で作った水素を家庭へパイプで運んでいる。今のガス管が利用できるが、水素に全面的に転換するのは、かなり先の将来になるだろう。

貯蔵は高圧ガスか液体水素にして行なう。

高圧ガスで貯蔵する場合の重要な技術が、非常に強度の高い材料だ。それには超強力鋼と炭素繊維強化プラスティック（CFRP）が用いられる。コストの面では鋼材だが、軽量化ではCFRPが断然有利だ。今は航空機の機体に広く用いられているが、やがては乗用車にも利用されるので、それでコストが下がれば、広く使われるだろう。
この水素の輸送と貯蔵の技術開発にも、継続して力を注《そそ》いでいかなければならない。

2．水素エネルギーは史上最大のイノベーション

今は産業発展の完成期

世界における水素エネルギー社会への転換が、二十一世紀唯一の大イノベーションであり、歴史上最大のイノベーションである理由を説明しよう。

これまでの産業の発展とイノベーションの歴史を振り返ると、産業の発展は、一般に三つの時代に分けられる。第一期は、十八世紀半ばに英国で生まれた産業革命であり、人類

初の動力である蒸気機関が開発され、蒸気船、蒸気機関車を生んだ。また紡績機・力織機によって、機械によるモノの大量生産が生まれた。これは産業の勃興期だ。

第二期は、十九世紀半ばに鉄鋼で高炉が発達し、平炉、転炉が生まれて大型化した。鋼材が大量に生産されるようになって、鉄道、船舶、建造物を大いに発達させた。染料から始まって多様な有機化学材料が生まれ、化学産業が大きく発展した。

また、電気の利用が始まり、電灯、有線・無線の通信、モーター、電蓄、ラジオ、電気冷蔵庫など電気機械が生まれて、大量生産されるようになった。さらにガソリンエンジン、ディーゼルエンジンの内燃機関が生まれて、自動車、飛行機が登場した。

これは、産業が多くの分野に広がっていく拡大期である。

一九三〇年代から四〇年代にかけて、七つの革新技術が次々に誕生した。トランジスタ、ナイロン、テレビ、コンピュータ、ジェット旅客機、原子力発電、ペニシリンであり、技術革新の時代となった。これが第三期の始まりだ。

これ以来、多分野の数々の技術が進んで、産業が全般にわたって大いに発展したが、勃興期、拡大期を経て完成期に達した。現在までを産業の完成期とする。

完成期という言い方は誰も使っていないようだが、私が、あえて完成期とする三つの理由を挙げる。

第一は大型化、高速化である。一九六〇年代に五〇〇人乗りの航空機「ジャンボジェット」、五〇万トンタンカー、時速二〇〇キロを超える新幹線が登場した。

火力発電と原子力発電の大型化が進んで一〇〇万kWになり、鉄鋼では高炉が巨大化して四〇〇〇立方メートルになった。これらはすべて六〇年代に生まれて、その後の進展はない。大型化、高速化は技術の大きな発展方向であるが、これらの発展は六〇年代で終わったのだ。

第二に、五〇年代から八〇年代にかけて、それまで世になかった新製品が続々と生まれ、広く普及していったことだ。

戦後しばらく、家庭にあったのは時計、ラジオ、カメラ、アイロンくらいであった。やがて家庭に新しい機器が次々に入ってきた。洗濯機、冷蔵庫、掃除機、エアコン、電気炊飯器、電子レンジ、ジューサー、食器洗い機、テレビ、ステレオ、家庭用VTR、ビデオカメラ、ビデオゲーム機、CD、DVD、電子ウォッチ、デジタルカメラ、携帯電話など、家の中は多種多様な製品で溢《あふ》れ返るようになった。これはわずか四〇年ほどの間に起こった出来事だ。

九〇年代以降には、液晶テレビやスマートフォンなどが生まれたが、数は少ない。画期的な新製品の登場はほぼ終わった。皆が欲しがるものは、ほぼ出揃《でそろ》ったのだ。

もっとも、町中を走る自動運転車、家事をいろいろとやってくれる家庭用ロボットなどへの願望はあるだろうが、技術的にも経済的にも、実用化が非常に困難なものばかりだ。

第三に情報技術を見ると、これだけは九〇年代以降も進展を続けた。最も大きいのはパソコンがインターネットに結び付いて応用が格段に広がったことだ。また、携帯電話とパソコンが結び付いたスマートフォンが生まれた。情報技術はいま全盛だが、それは同時に成熟期に入ったことも意味して、情報機器によるイノベーションの時代は終わりに近づいている。

それは三つの状況から言える。一つは、情報技術の根幹である半導体の急速な進歩がついに終わりに近づいていることだ。半導体は高集積化していくのが技術進歩であり、一つのチップ上の素子《そし》の集積が毎年二倍になるという「ムーアの法則」があって、それが五〇年ほども続いた。だが、チップ上の集積が一〇〇〇万個を超えて、ついに限界が来た。

二つは、安くて万能の情報機器であるスマートフォンの出現である。翻訳機能など性能はまだ向上するだろうが、情報機器としては究極のものと言ってよく、これを大きく超えるものは出ないだろう。使い過ぎや通信費用の増加、あるいは歩きスマホによる事故や犯罪への関わりなど弊害が目立ってきた。情報過多の問題もあって、これからはむしろ抑制気味になるだろう。情報機器の急進展の時代は終わった。

三つは、人工知能、ビッグデータなど、情報技術のより高度な利用はまだ進むが、非常に高度な技術であり、その用途は特殊で専門的なものに限られることだ。誰もが日常的に利用するものではない。

以上の三つの理由から、二十世紀前半以降の産業発展を、私は完成期とする。

いま話題のイノベーションは伸びない

この一、二年、イノベーションとしてメディアで騒がれているものが、ドローン、ロボット、自動運転車、人工知能などいくつもあるが、それは長期にわたって、大きく伸びるものだろうか。

ドローンは機能が「見る」と「運ぶ」だ。見る装置としての用途は、橋などインフラの点検、スポーツの中継など多岐にわたるが、それほど大量に必要とされるわけではない。輸送装置としても、重量のあるもの、長距離は不向きであり、スピード面でもコスト面でも、用途は限られる。

接客する、搬送する、介護をする、人の感情まで理解するなど、さまざまなロボットが生まれようとしているが、普及するのだろうか。情報に関する技術は進むが、接客ロボットが本当に役立つのかは疑問だ。歩く、運ぶなど機械に関する技術は予想以上に難しく、十分な実用性を持たせるのは相当に困難だ。

人工知能も五〇年来、何度もブームになっては消えてきた。今また深層学習（ディープラーニング）という技術が生まれたが、応用がいったいどれほど広がるか疑問だ。

囲碁の人工知能が、世界最高峰の棋士に圧勝したが、驚くことではない。論理構築では最高の棋士に対しても、どこまでも高性能化していくコンピュータが論理で上回ることは可能だ。それがコンピュータの仕事なのだから。

自動運転車は、高速道路ではある程度使えるが、町中での実用化は極めて困難で、実現はいつのことか。高速道路でしか使えない車がどれほど普及するか。

ここで、自動運転車には致命的な問題があることを指摘したい。交通標語にあるように、車は急には止まれない。四〇キロのスピードで走っていて目の前に子どもが飛び出せば、異常察知のシステムがいかに高度だろうと、撥《は》ね飛ばしてしまう。それは人が運転しようが自動運転だろうが同じである。

ところが重大な問題は、自動運転車は安全な車だ、事故は起こさないのだと思い込んで運転が雑になり、町中でスピードを落とさない者が多くなることだ。さらに若者には無謀な運転をする者が少なくない。この根本的な問題はどうすれば解決できるか。

では自動運転車に用いる人工知能はどうなのか。子どもの飛び出し、若者の無謀運転は、まったく非論理的な人間の行動だ。それはコンピュータにはどうしようもない。

技術とその応用の本質を見ないと、広く普及するかどうかの将来は見抜けない。本質が分からずに大騒ぎをするマスメディアに乗せられてはいけない。

いま騒がれているイノベーションは、やがて消えるもの、実態として小さなもの、普及がいつのことか分からないものばかりだ。テレビ、新聞は深く考えずに今は囃《はや》すが、五年後にはその大半を取り上げなくなると私は断言する。

と言えるのは、私の技術に関わる研究調査の主な仕事の一つが、新技術の予測、展望であり、それを五〇年続けてきたからだ。

科学技術庁が五年ごとに行なっている「技術予測調査」には、第一回の一九七一年から委員として参加してきた。実施からほぼ二〇年を過ぎて予測が的中しているかどうかを検証して『技術進展のアセスメント』（朝倉書店　一九九一年）にまとめたが、予測の的中率は二、三割であり、とても低い。しかも、情報技術だけは半分ほど的中しているが、エネルギー、運輸、都市などの技術は、一〇に一つほどしか当たっていない。私はそれ以来、「技術予測は当たらない」と言ってきた。

では水素エネルギー技術はどうか。確かに技術の困難性は大きい。したがって、実用化は非常に遅れている。最大の問題はコストだ。だが水素エネルギーは、地球温暖化防止には絶対に必要な技術だ。コスト高は何としても克服しないといけない。それは十分に可能である。

エネルギーの時代はモノの時代

私は二十世紀が終わるころ、二十一世紀の技術に関する本を二冊著したが、二十世紀にはモノに関する技術は大きく進んだものの、人間と自然に関する技術はあまり進んでなく、二十一世紀の大きな課題として残されていると記した。

人間に関するものでは医療技術であり、アルツハイマー病の治療、ガンの早期発見などが待望されるが、なかなか進まない。自然に関するものでは、地震予知、火山噴火予知、異常気象の予報にはほとんど進展がみられず、人間や自然に関する技術はモノの技術と比べて、とても難しいことが分かる。

これまでは新しいモノを作り出して、より便利に、より快適に、より楽しく、より大きく、より速くに向けて進んできた。これからは〝より良く〟を目指すよりも、医療や地震予知など〝悪いことを減らす、防ぐ〟に対応する技術進歩の必要性が大きいと言える。

その最大のものが地球温暖化防止だ。二〇一五年十二月にパリで開催されたCOP21（気候変動枠組条約・第21回締約国会議）は、温度上昇を二度以内に抑えるのを二十一世紀後半に実現するとの目標を掲げた。温室効果ガスを排出する化石燃料の使用を、それまでにほぼゼロにしないといけないのだ。

今の世界での温室効果ガス削減対策は、これから二〇年ほどの対策が中心であり、それは再生可能エネルギーの拡大によって進めるとされる。しかし、長期的には新しい削減対策が必須となる。それは、水素エネルギーの利用しかない。全エネルギー利用の中で、電力は二割であり、八割は動力と熱源だが、それを水素エネルギーに代えねばならない。水素の他には方法はない。

化石燃料がエネルギーのほとんどであった時代から、水素がエネルギーの大半を占める時代に変わるのであるから、水素エネルギーのイノベーションはとてつもなく大きい。以上に述べたように、情報など他の分野のイノベーションに大きなものは見られず、したがって水素エネルギー社会の構築は二十一世紀の唯一のイノベーションであり、史上最大のイノベーションである。

これまでの情報の時代が、これからエネルギーの時代へ変わるのだが、そこで何が大きく変わるのかを明確に認識することが重要だ。

情報とエネルギーには、本質として非常に大きな違いがある。情報は、パソコンで見られるように性能が十倍、百倍になっても、大きさ、価格は変わらない。価格はむしろ安くなる傾向がある。スマホが典型だが非常に高性能の機器がとても安い。

一方エネルギーは、発電機や電動機の出力一〇〇kWを一〇〇〇kWにするには、十倍とはいわないが数倍の大きさの装置が必要だ。代表的なエネルギー装置である自動車では、大型車には大馬力エンジンの搭載が必要であり、その分、価格は高くなる。テレビやパソコンはどんどん安くなってきたが、乗用車は全般的に数十年前よりかなり高くなっている。

このように情報はモノとしては非常に軽い存在であり、情報化が社会で大きく進んでも、経済を動かすモノは金の面では大きくはならなかった。つまり、社会全体での情報機器、装置への投資は、情報化の急進展のわりには金額的に大きくはなかったのだ。

だがこれからは、エネルギーが大転換して、モノとして大きいので投資を拡大しつづける。経済もモノが大きく動かすようになり、エネルギーの時代はモノの時代だ。

これは世界経済のありようを変えるだろうと私は考えている。今の世界経済はマネーに翻弄されていて、突然生じる金融危機、中小国の財政破綻、通貨の乱高下、株式市場の混乱などが世界経済を大きく揺り動かしているが、それはマネーが過剰になっているからだ。その大きな原因が、これまでの情報の時代にモノの伸びが大きくなく、世界中でマネーが余ったからと言える。余ったマネーが世界中を動き回って、混乱をもたらした。

だがこれからは、エネルギー機器、装置に非常に大きなマネーが投じられて、マネーの余剰が減ってくるに違いない。したがって、世界がマネーに振り回されることが減ると私は予想するのだが、間違っているだろうか。

これから、改めてモノの時代になる。それはモノに強い日本にとって好ましいことだ。

3. 水素エネルギーにおける日本の強みと弱点

水素発電の構造と四つの型

水素発電装置の最大の問題は、作るコストが非常に大きく、極めて高価なものになることだ。では、なぜ高価になるのだろうか。

水素発電の原理は水の電気分解と逆であり、水素の極《きょく》と空気の極があり、電解質でつながっていて、水素と空気中の酸素を電気化学反応させて電気を発生させるというものだ。この原理から、水素極、電解質、空気極の薄い層が重なった構造になる。その一つをセルという。このセルが水素発電の名称になったのだが、一つのセルが作る電気は、〇・七ボルトと非常に小さく、これを大量に積み重ねていかないといけない。

セルとセルの間にセパレータを入れて積層したものを、セルスタックという。したがって、水素発電装置は、実はセルスタックなのだ。一kWの電気を作るためには五〇枚ほど積層し、乗用車用はその数十倍になるので、複雑な構造になり、コスト高となる。

この水素発電は、米国の宇宙開発でジェミニ五号に搭載され実用化が始まったが、民生用としては一九七〇年代に開発が始まり、日本でも一九七三年の石油危機後に始まった。

この水素発電には多くの型がある。それは電解質に何を用いるかの違いであり、それが名称に表われている。その違いは、発電効率、出力規模、作動温度に現われる。

八〇年代には三つの型が開発されたが、第一世代とされたのがリン酸型であり、技術が比較的に容易で、すぐにも実用化すると見られた。効率は40%ほどとやや低く、出力も一〇〇〇kWまでと小さく、作動温度は二〇〇度だ。量産寸前までいったが、コストの壁が破れず、生産はわずかに止《とど》まった。

第二世代が溶融炭酸塩型で、効率は45%から60%と高く、出力は一〇万kWまで可能で大型化できる。作動温度は六五〇度と高い。第三世代が固体電解質型で、効率と出力は溶融炭酸塩型と同じだ。作動温度が一〇〇〇度とさらに高い。この二つの型は、開発努力は大きかったが、実用化にはいたっていない。

この三つの型の開発が低迷している中で、カナダのバラード社が固体高分子型を開発して、作動温度が低く排ガス温度が低いので、自動車に適しているとされて開発が大きく動きだした。ただし、効率は35%から40%と低く、出力も一〇〇kWほどと小さい。

今の主力の型は、自動車用と家庭用が固体高分子型であり、家庭用には、固体電解質型をやや変えた固体酸化物型も使われ始めている。

これからは、効率が高く、出力が大きい型の実用化が待望される。

二桁《けた》のコスト低下で日本が力を発揮

この水素エネルギー利用技術で、日本は強い力を発揮できる。その最大の理由は、普及するためには水素発電装置を桁違いに安くすることが必須だが、コストを大幅に低下するのは日本企業が大の得意であるからだ。

水素発電装置のコストが高いのは、先にも記したように、極めて精緻で複雑な構造であるためだが、その生産技術は非常に高度なものである。今は熟練工の手作業を中心にして作っているが、何とかして安くする画期的な生産技術と生産装置を開発することが必要だ。それは技術者と技能者の協力によって可能になるが、これは日本のモノ作りの特性である。

水素発電装置が高コストになるもう一つの理由は、先にも記したが、固体高分子型は触媒として非常に高価な白金を使用することだ。これは、使用量を大きく減らす開発が進められ、また白金に代わる安価な触媒の開発にも力が注がれているから、やがて実現するだろう。

日本企業が桁違いに生産コストを下げることには、多くの実績がある。太陽電池はその代表的なもので、一九七三年の石油危機で注目されたが、そのころは一Wが三万円もしていた。住宅用の三、四kWでは一億円になり、二桁近くも下げねばならなかった。それを日本企業は二〇年ほど技術開発を重ねて、九〇年代半ばに住宅用太陽光発電装置として、ようやく実現した。

太陽電池を商業電源として実用化できたのは日本だけであり、その生産量と太陽光発電装置の設置量では、十数年は日本が圧倒的にリードしていた。

水素利用は、太陽電池による太陽光発電のような単一の技術と違って、モーター、蓄電池と組み合わせた乗用車、鉄道車両などは複合技術であり、またコジェネレーションは多くの機器を複合するので、多分野の技術者の協力が常に密である日本に相性が良い。特に家庭用水素発電装置のエネファーム（家庭用燃料電池）は、まさしく多業種の技術者たちの一致協力の成果と言える。

その中味を示すと、ガスの改質とコジェネレーションのために、改質器、ポンプ、バルブ、ブロア（送風機）、熱交換機などの補助機械類が必要になる。これらは産業機械として広く使用されているが大型であり、そのままでは使えない。したがってコジェネレーションの開発では、個々の機械を小型化して、コストを大幅に低下することが不可欠であった。

そこで、補助機械を開発する政府プロジェクトを組んで電機や機械の数多くの企業を参加させ、小型化とともにコストの大幅な低下を目標として開発を進めた。その成果が上がってエネファームの実用化が可能になった。

水素エネルギー利用技術は日本に相性が良く、これからも技術開発を精力的に継続すれば、日本は世界で大きなリードを保つことができる。

現状では水素の大量生産はできない

ところで水素エネルギー社会を構築するには、先に示したさまざまな用途へ向けて膨大な量の水素を生産し、供給しないといけない。これが利用機械、装置の開発と並んで極めて大きな課題であるが、実は容易ではない。

水素は、現在は主に高炉に用いるコークスの生成や化学プラントの副産物として生産されているが、その需要は化学原料としての利用が主であり、大量ではない。水素発電装置にも今は、この副産物を利用している。水素の需要が増えていけば、当面は天然ガスからの生産になるだろう。

やがて膨大な量が必要になるが、その生産には、水（H_2O）を分解して水素（H）と酸素（O）に分ける方法が用いられ、それには熱分解と電気分解がある。

熱分解は高温ガス炉の利用が有力である。これは原子炉の一種だが、現在の軽水炉と違って、冷却に水ではなくヘリウムガスを用いる。炉心の温度が九五〇度と、軽水炉の三倍ほど高温であるのが特徴であり、発電よりも熱利用に適している。

燃料は球状であり、耐熱性に優れたセラミックスで何重にも覆《おお》われている。減速材には耐熱性の高い黒鉛を用いている。そこで燃料材は高温に耐えて、また事故を起こしても黒鉛が熱を吸収するので、福島第一原発の事故のような炉心熔融はなく、安全性は高いと言われる。

高温ガス炉は、一九六〇年代から研究開発が始まり、現在は日本、EU、ロシア、中国などで開発が進められているが、力の入れようは国によって大きな差がある。中国は二〇〇八年から二〇万kWの実証炉の建設を開始して、大型化の開発で世界を大きくリードしている。日本では一九七〇年ごろから研究がはじまり、日本原子力研究開発機構の大洗《おおあらい》研究開発センターで、三万kWの装置によって研究開発を実施している。

もっとも高温ガス炉の実用化が可能になるのはいつか、見通しは立っていない。かなり先かも知れず、必ず実現するとも言えず、そこで水の電気分解も必要になる。

電気分解は、中学で理科の実験として行なわれる水の電気分解と基本的には同じであり、すぐにも可能だが、現状ではコストは高い。

再生可能エネルギーでの水素生産が理想的とも言われるが、かなりのコスト高であり、量的には微々たるものである。

政府は、福島を太陽光、風力発電の一大拠点として、その電力での水素生産計画を打ち出していて、二〇二〇年に、水素発電自動車一万台分の年間消費量をまかなうとしている。だが、これではケシ粒にすぎない。日本の自動車の総保有台数は、七七〇〇万台である。

したがって、水の電気分解の電力としては、原発を利用するしかない。原発は大型化して発電コストを下げる可能性があり、すでに一七〇万kWが実用化している。さらに大型化も可能であり、水素生産ではコストと生産量の面で有利だ。いずれにしても、膨大な量の水素生産は、高温ガス炉か、原発の原子力エネルギーに依存するしかない。

日本はこれまでエネルギーの主力である化石燃料は輸入するしかなかったが、水素は国内生産によって自給でき、将来はエネルギーの輸入依存から脱することができる。原子力では燃料のウランは輸入するのだが、そのコストに占める比率は小さく、装置はすべて国内生産なので、外貨はほとんど使わず、国産のエネルギーと考えてよい。

ところが日本は脱原発の空気が社会で支配的で、原発の再稼働もなかなか進まない状況であり、大型原発の開発、新設は現状ではとてもできそうにない。高温ガス炉の大々的な開発も、すぐには難しいのが実情だ。水素の膨大な量での生産ができなければ、利用技術で進んでいても普及はできず、その力が活かせない。

日本が自力で膨大な量の水素の生産ができなければ、水素エネルギー社会の構築は絵に描いた餅《もち》になる。この水素生産は現在の日本にとっては致命的な弱点だ。この重大な問題は第四章で考えよう。

第二章　日本の技術力、産業力の強さを、いかに維持するか

1．電機産業が韓国、台湾に敗れた理由

市場急変に対応できなかったＤＲＡＭ

この章では、水素エネルギー社会構築にいたる高い技術力を持ち続けるための、日本の技術の問題を考えていこう。そして、その強さを明らかにして、これからどのような方向に向けていくべきかを考えていきたい。

日本の電機産業は、一九七〇—八〇年代には、世界を圧倒するほど技術開発力が強かった。ところが九〇年代に入って、最先端技術のＤＲＡＭ（半導体メモリの一種）で韓国のサムスンに敗れてしまった。先端技術の分野で韓国に敗れたのは、非常に大きな衝撃であった。その後は液晶テレビ、パソコンやスマートフォンでも国際競争力を失い、シャープは液晶テレビの不振から経営が悪化して、台湾企業の鴻海《ホンハイ》に買収されてしまった。

電機産業は、水素発電の開発の中心になる産業であり、問題は非常に大きい。水素発電自動車を開発した自動車産業は、今も世界で断然強いが、電機産業が先端技術分野である

にもかかわらず、韓国に敗れたのはなぜなのか。自動車と電機は何が違うのか、それを探れば日本の強さの本質が明らかになる。

そこで、電機産業が韓国、台湾に敗れた原因を探るにあたって、DRAM、パソコン、液晶テレビ、携帯電話を、それぞれ個別に取り上げていこう。

一九八〇年代には、DRAMでは日本が圧倒的に強く、世界市場の八割を占めていた。だが、極めて微細な回路で構成されるDRAMは半導体製造装置が作るものであり、いわば技術は装置に内蔵されている。そこで、サムスンが日本の装置メーカーから装置を購入すれば技術を取得できる。

このDRAMは、主に大型コンピュータに用いられ、高性能、高品質が求められて、日本はそれにしっかり応えていた。ところが、九〇年代にパソコンが大きく伸びてきて、大型コンピュータに代替するようになった。いわゆるダウンサイジングだ。

パソコンは、普及のためにはコスト低下が不可欠であり、主要部品のDRAMも高性能、高品質よりも低価格が強く求められた。サムスンは低価格の製品の供給に力を注ぎ、パソコン用のDRAMで、米国市場を奪ってしまった。

DRAMは、三年ごとに四倍の記憶容量の新製品を出す急速な進歩をしていて、巨額を要する新設備への投資を、いかに適切な時期に迅速に実施できるかが競争を大きく左右する。日本企業はその厳しい競争で、米国のインテルなど半導体企業を破ってきたのだ。ところが、その設備投資で日本は、サムスンに対して多くの面で不利になった。米国との半導体摩擦が激化して、通産省（当時）は企業に設備投資を抑えるよう行政指導をした。

サムスンに米国市場の多くを奪われ、シェアが落ちてきて、なおも参入企業が五、六社もあるのが日本の仇《あだ》となり、一社当たりの設備投資は限られてきた。

一方、サムスンはＤＲＡＭに全力を投入して、大胆で積極果敢な投資をした。総合電機メーカーである日本企業は機敏な投資ができず、結局は敗れることになった。

液晶ディスプレイの敗退が打撃となったパソコン

パソコンはアップルを始め米国企業が開発して、応用分野を拡大して断然強かった。だがノートパソコンが登場して、小型化を得意とする日本企業が力をつけてきた。東芝は、一時はノートパソコンで世界シェアトップになった。

小型化には液晶ディスプレイが必須だが、電卓で実用化を始めた日本が断然強いのも幸いした。その用途がパソコン用とビデオカメラ用に広がったが、日本企業は、狭い視野角と遅いレスポンスの問題を解決する性能向上の技術開発に力を集中した。

ところが、パソコンのディスプレイにはそうした性能は不要だ。パソコンは正面から見るので視野角の狭さは問題にならず、当時は動画を映すことはほとんどなく、レスポンスは遅くてもいい。そこで韓国、台湾企業はパソコン用ディスプレイに集中した。それはビデオカメラ用よりサイズが大きく、また需要台数が急拡大して、積極的な設備投資を実施することになった。

液晶ディスプレイは超大型の液晶パネルを製造して、それを細かく切断して作るのだが、液晶パネルは次々と大型化していくのが技術進歩であり、コストも下がる。液晶パネル製造装置メーカーは日本企業だが、韓国、台湾企業が大型パネルを強く求めるので、装置メーカーは韓国、台湾と共同開発を進めた。そしてパソコンの液晶ディスプレイで日本より優勢になってきた。

パソコンの中核部品はマイクロプロセッサだが、これはインテルが独占的に供給していて差はつかず、液晶ディスプレイで日本が優位を失ったのは打撃であった。

また台湾企業は米国からの委託生産で力をつけ、いくつかの日本企業もノートパソコンを台湾への委託生産に切り替えたので、小型化のための設計と生産の技術を日本から学びとった。そして米国から設計も含めて委託を受けるようになり、やがて自社ブランドでも発売した。こうして米国と台湾が日本の強敵になり、日本企業は海外市場で敗れた。

テレビがサムスンに敗れた理由

テレビでは、一九九〇年代にブラウン管テレビの米国市場で、まったく無名であったサムスンが販売戦略、デザイン戦略、ブランド戦略を駆使し、力をつけて日本を追い上げるようになった。サムスンは日本製品に対抗しようと、デザインは欧州の著名デザイナーに委託し、さまざまな手段で広告を打ち、ブランドを高めるための戦略を編み出したのだ。

二〇〇〇年代に入って薄型大画面テレビの実用化が進み始めたが、日本では長年かけて開発したプラズマテレビに取り組む企業が多かった。プラズマのほうが価格で有利との判断から、大半の企業が液晶には出遅れた。

ところが、サムスンはパソコン用の液晶ディスプレイの大量生産で大いに力をつけていて、四〇インチの液晶テレビを世界で初めて開発、実用化した。

日本ではシャープだけが早くから液晶テレビに力を入れ、テレビCMでよく知られた亀《かめ》山《やま》工場に大規模で先鋭的な工場を建設して日本市場では大きくリードした。この工場は韓国への技術流出を防ぐためのブラックボックス化に大いに努力した。しかし、液晶テレビの生産技術はそれほど高度なものではなく、サムスン、ＬＧの韓国企業は、自前の強い生産力を持つにいたった。

シャープの他のメーカーは、液晶テレビでは遅れを取り、ソニーは、サムスンと提携してパネル工場をサムスン主導で設けることになった。シャープは、一時期は大いに気を吐《は》いていたが、国内では強かったものの、もともと海外市場ではソニーやパナソニックと比べて強くはなく、世界に市場を広げたサムスン、ＬＧの韓国勢に劣勢になり、売上は伸びなかった。

そして、新たな堺《さかい》新工場への巨額の投資が過剰設備となって、経営は悪化し、倒産に瀕《ひん》するまでになり、ついに台湾企業の鴻海《ホンハイ》精密工業に助けを求めて子会社になった。

ガラパゴス化の言葉を生んだ携帯電話機

携帯電話は日本が最も早く実用化し、一九八五年に肩から下げるショルダーバッグ型の電話機を実現させた。九〇年代に入って筆箱ほどになり、さらにグンと小型化して急速に普及して、日本は世界を大きくリードした。また機能においても、メール、インターネット接続、カメラ機能など日本が先頭を走った。

その機能向上は、通信会社が顧客獲得の激しい競争を勝ち抜くために最新機能で争って実現した。電話機メーカーは、新製品の開発を通信会社の主導に任せていた。そして国内市場が大きく、それに向けた開発に追われ、海外市場には力を注がなかった。

ところが、中国でにわかに携帯電話の巨大市場が生まれたことから、日本企業もようやく腰を上げた。だが、素早く参入したノキア、サムスン、モトローラと、殺到した数多くの中国メーカーに太刀打ちできず、各社が2、3％のわずかなシェアに止《とど》まり、次々に撤退した。

直接の敗因は、市場が大きく異なっていたことにある。中国では通信会社ではなくメーカーの直接販売であり、非常に多い機種による猛烈な競争が生じていた。海外メーカーも中国メーカーも、少ない開発費、短い期間で次々に新機種を開発して市場に出した。核になる部品は、日本の部品メーカーから購入するのだ。

高性能、多機能だが、機種がとても少なく高価である日本製品は、販売店では隅《すみ》に追いやられて人気がまったく出なかった。

そしてスマートフォンでは決定的に出遅れて、中国や世界市場は、アップル、サムススン、中国勢に占められてしまった。

この携帯電話での日本の敗北から、「ガラパゴス化」という言葉が生まれた。日本の製品は優秀だが、日本という特殊な状況でしか生きることができないという警告だ。東太平洋の孤島であるガラパゴスはゾウガメやイグアナには楽園だが、日本でしか売れない製品は、やがて滅びる。

このように、DRAM、パソコン、液晶テレビ、携帯電話の四つの製品それぞれにさまざまな敗因があるが、共通しているのは、日本企業は高性能、高品質を目指した技術開発にばかり力を注いだことだ。それが韓国などとの競争力を強める力にはならなかった。

さらに大きいのは、市場の急劇な変化、市場の大きな相違、製品の進化の速さ、製品そのものの大きな変化などといった事態に対応する戦略が、日本企業に欠けていたことだ。追い上げてくる韓国、台湾企業は強い日本に何とか太刀打ちしようと必死になって戦略を編み出してきた。

だが、電機の情報分野での主要製品である四つの製品が、ことごとく敗れたのはいったいなぜか。何か本質的な問題があるのではないか。それを探らないといけない。

2. 日本の技術・産業の強さを、相性で見る

「丹誠を尽くす」と「皆が協力して働く」が、日本の強さ

電機産業は低迷に陥ったが、自動車産業ではトヨタは世界で四年続けて生産台数トップを維持し、また画期的な車であるハイブリッド車を開発して、開発力でも世界での強さを長年にわたって保持している。

自動車業界全体でも、日本は世界での総生産台数で四年連続トップだ。乗用車は、電機製品とは違い、製品の変化は少ない。しかし、八社もの企業があって、激しく競い合っているのは電機産業と同じだ。いったい何が違うのか。

今挙げた電機の四製品と乗用車には、製品としての本質に大きな違いがある。DRAMと液晶テレビは装置が作る。パソコンと携帯電話は部品が作る、部品を買ってくればそれを組み立てるだけでできるのだ。

乗用車は人が作る。プレスや溶接・塗装ロボットなど高度な装置もあるが部分的だ。エ

ンジンなど主要な部品を購入して組み立てても、満足な製品はできない。

車は人が作る。日本の車は日本人が作る。だから日本車は強い。

なぜ人なのか、日本人なのか。それは、乗用車はモノとして何であるのかの問題だ。その良い例として車の燃費がある。三菱自動車の燃費偽装が大問題になって、燃費の向上がいかに技術的に困難であるのかが、改めて認識されることになった。これは装置には何の関わりもなく、人が、技術者が最大の努力を重ねて実現させる。燃費の向上は地球温暖化防止に関係していて、車において極めて重要な技術だ。その技術で最も優れているのは日本の技術者であり、日本のモノ作りの良さの典型だ。

では日本のモノ作りの強さの根源は何か、日本人の本質から深く考えた。それは二つあって、一つは「丹誠を尽くす」であり、心を込めて、手間をかけて、一生懸命に作るのが日本の良さだ。もう一つは「皆が協力して働く」であり、多くの人が無私の心で、目的を一つにして協力し、お互いに助け合って働くのが日本だ。これが日本の本質的な強さだ。

私は一九七八年に『現代日本産業技術論』（東洋経済新報社）を著して、日本の主要な産業の戦後の発展を分析したが、まとめとして日本の強さは何であるのかを深く考えて、いくつかの理由を挙げた。その一つが「丹精する」ことだった（「丹精」と「丹誠」の二つの表現があるが、本書では誠のほうが心を込める意味で良いとして「丹誠」とする)。

また「現場優先主義」を挙げたが、日本では生産現場を大切にすることであり、開発、設計は現場の声に耳を傾けて意見を取り入れる。現場が強い力を持っているのだ。

欧米企業では開発部門が会社の中心であり、生産部門は図面を渡されて、現場の目で見ておかしいと思っても何も言えず、ただその通りに作るだけが通常である。日本企業では、開発部門と生産部門は対等である。

これは広く見れば、開発と生産現場が一体となって良い製品を安く作るのに努力することであり、つまり「皆が協力して働く」ことだ。のちに詳しく述べるが、この協働は企業において電子と機械など異なる部門間、会社と会社の間など多くの面で見られる。

心を込めてモノを作る「丹誠」は日本の特性であり、あえて自己を殺して皆と一体となって働く「協働」も、日本の他にはほとんど見られない。

比較技術学という手法から生まれた相性の概念

ここから私は「相性」という言葉に思いいたった。それは日本の強さである丹誠と協働が活きるか活きないかであり、端的に言えば、これが活きる自動車産業は日本に相性が良く、活きない電機産業は相性が悪い。

この相性の概念は比較技術学から生まれた。国の間の相違を研究する学問としては、比較言語学、比較法律学、比較政治学、比較宗教学などがある。ウェブスター辞典を引いて見るとComparative Language, Law Politics Religionなどが並んでいる。比較技術学はComparative Technologyとなるのだが、ウェブスターには出ていない。

比較学は国による「違い」を研究するものであり、多くの分野に存在する。言語は当然ながら国によって異なる。法律は大陸法と英米法は基本に多くの相違点がある。政治も、中国の一党独裁と日本の民主主義は根本的に異なり、また同じ民主主義国家である日本と米国でも、かなりの相違がある。宗教は、イスラム教、キリスト教、仏教など社会のあり方を変えるほどに違いは大きい。

技術や産業の分野では、国による「違い」はないと思われるかもしれない。私が比較技術学という研究があり得ると思ったきっかけは、三十数年前になるが、NHKのニュース番組でインドの自動車産業が詳しく紹介されるのを見たことにある。インドでは乗用車が年産二万台で非常に少ないのに驚いた。乗用車は大量生産が常識であり、一社で少なくても数十万台は生産するものと思っていた。

しかも、作っている車は日本で戦後すぐに走っていた日産の「ダットサン」のように古い。国によって、技術、産業は大きく異なるのだと知った。

そこで各国の技術、産業に関心を持っていたが、一九七九年に改革開放直後の中国を訪問する機会があり、二〇ほどの工場を回って中国の技術、産業の現状を知り、韓国を加えて『日本・中国・韓国産業技術比較―「比較技術論」からの接近』（東洋経済新報社　一九八〇年）を著した。八五年にこの書で、第一回大平正芳記念賞を受賞している。

比較技術学は、国民性、経済水準、社会状況、企業体質、政治体制などを基に、各国の技術と産業への力の発揮のありようを比較するものだ。その骨格は、この著者で作成したものを［表1］に示す。

技術・産業・製品はそれぞれに性格が異なり「違い」がある。

ところが、経済全体を見ようとすると、とかくその「違い」を忘れる。技術・産業・製品は、それぞれ固有の性格を持っていることを正しく認識するのは極めて重要なことだ。経済学者、エコノミストは、そこになかなか目が行かない。したがって経済、産業の動きをしばしば見間違ってしまう。「違い」に目を向けるのは、何事であれ必要なことだ。

そして、国もそれぞれ性格、状況、体制などに大きな「違い」がある。そこで国と技術

［表1］比較技術学の要因

		供給要因	需要要因
定常要因	国民性	価値意識 ・労働観 ・美意識 行動原理 ・集団と個	需要の特性 ・新しがり屋か 守旧か ・美意識
	自然条件	資源の賦存 国土の広さ 気候風土 輸送条件	市場の均質性、 市場の地域性
蓄積要因	経済・工業・技術の伝統・基基	工業化の水準 ・技術人材の量と質 ・関連工業の発達 ・中小企業の発達 伝統技術の存在 農業とのかかわり	市場の大きさ ・所得水準 ・所得分布 ・人口規模 市場の性格 ・要求の高さ ・舶来か国産か
時代要因	社会体制と政策	体制、政府の指導性 ・政府主導か 民間主導か ・民主主義か強権か	市場との結び付き
	時代と環境	技術進歩の状況 ・革新期か停滞期か 先進国との競合 近隣諸国との競合	世界経済の状況 ・発展期か 停滞期か 国際通商関係 ・貿易制度、関税

の間に相性が生じる。合うのか合わないのかが要点になるのだが、相性が良ければ力を存分に発揮できて強く、相性が悪ければ弱いということだ。

これは男と女の間の相性と同じだ。もっとも男と女では、合うのが良いのかどうかは微妙だ。

丹誠、協働が不要なテレビ、重要な乗用車

この相性を、電機産業の液晶テレビと、自動車産業の乗用車で比較してみる。製品の良さは性能と品質に現われる。テレビの性能は単純で、映像が美しく映るかどうか、画質の良し悪しのみだ。ところが液晶テレビは、どの国のどのメーカーが作っても、映像の美しさはほとんど変わらない。わが家には韓国のＬＧの中型製品もあるが、日本製とまったく変わらない。装置が作る液晶テレビに、性能の「違い」は存在しない。

品質は主に故障率だが、液晶テレビはほとんど故障しない。わが家では、昨年、ソニー製四〇インチが九年目に故障して、やはりソニー製の五〇インチに買い替えた。故障しないのは、どこの家庭でもほぼ同じだろう。品質にも「違い」はない。

液晶テレビは、性能も品質もどこが作っても変わらず、違いが出せないのだから、日本

企業としては丹誠の尽くしようがないのだ。

また液晶テレビは構造がいたってシンプルであり、液晶ディスプレイは装置が作り、部品の組み立ては易しくて単純作業で作れる。したがって生産に協働は要らない。

ＤＲＡＭ、パソコン、携帯電話も、丹誠と協働が活きないのは同じだ。したがって日本には相性が悪い。

乗用車では、性能は走行性能、操縦性能、デザイン、静粛性、燃費など多くの面があって、品質は故障率、ボディ塗装の具合、居住空間の出来具合などがあり、丹誠を尽くせば尽くすほど「違い」が出せて良い製品になる。

また構造は複雑であり、エンジン、動力伝達系、操縦系、タイヤ、サスペンション・走行系、電気系などあって、各部門の一体となった協力が不可欠である。丹誠と協働が大きく活きるのが乗用車だ。日本が強いのは当然だ。

電機産業は韓国に敗れたが、乗用車では、韓国を代表する現代《ヒュンダイ》自動車は米国市場で頑張っているが、トヨタ、ホンダにはまだまだ敵《かな》わない。

すべての産業、製品で、丹誠、協働を基にする日本の強さが発揮できるかどうか、つまり相性を見ることによって、日本が強いかどうかを見分けることができる。

この相性を、私は一九九〇年代初めから考え始めた。日本は八〇年代までは「良い製品を安く大量に作る」ことで世界で圧倒的に強く、手強《てごわ》い競合相手もなく、各分野で連戦連勝であった。欧米企業は「良い製品は高くて当然」「とても良い製品は少量だけ作るもの」と考えていた。

ところが一九九〇年代に韓国、台湾が、二〇〇〇年代に入って中国が日本の後を追ってきて、日本に倣《なら》って「良い製品を安く大量に作る」ことに全力を投入してきた。しかも先に挙げたように、先端技術分野が多かった。手強い競合相手が生じて、相性が良くない製品では敗れることになったのだ。

この相性は産業の強さに関わる根本的な問題だ。日本のこれからの産業発展の方向を考えるには相性の良さを深く考慮することが必要であり、相性は産業における最も重要な概念である。

3．丹誠と協働は、日本でどのようにして育《はぐく》まれたか

心を込めてモノを作る日本

ここで、日本人の丹誠を尽くす心はどこから生まれたのかを考えてみたい。それは稲作であると思う。農民は毎朝、田圃《たんぼ》を見回り、水はたっぷり来ているか、雑草は生えていないか、害虫がついていないかなど様子を見る。お米は心を込めて手間をかけて作るものであり、それが美味《おい》しい米となり、収穫も増える。

米は集約農業であり、欧米の主食である小麦は粗放農業でできる。それが民族性を決めると言われる。さらに、農耕民族と狩猟民族の違いも言われる。農作は、毎日、毎年同じことを続けて、少しずつ進歩していく。狩猟は毎日が勝負であり、同じ場所、同じことばかりでは生きていけない。それは確かに民族性を異なったものにする。

だが農耕民族の中でも、稲作民族は特性がある。さらに稲作民族でも東南アジアと日本では大きく異なる。南方は一年中暑くて気候は変わらず、米は二毛作、三毛作になる。日

本は季節の移り変わりが大きく、その中では丹誠を尽くすことによる「違い」はとても大きい。日本人に「丹誠を尽くす」心が生まれるのは自然であった。

近年、丹誠の度合いがいっそう強くなっているのが果物だ。リンゴ、ナシ、モモなどは形といい、色といい、大きさといい、出来栄えの良いものは一個の芸術品だ。このような果物が他の国にあるだろうか。

また日本は古来、モノ作りにおいても丹誠を尽くしてきた。陶磁器、漆器、鉄器、刃物、和紙、木工品、竹製品、ガラス製品、染め物・織物など、まさに丹誠の産物だ。

柳宗悦《やなぎむねよし》は民芸と名付けたが、庶民が日々の暮らしで使っていた数々の品が芸術的と言えるほどに素晴らしいと、「用の美」という表現を使って、民芸運動を始めた。無名の職人が作った素朴ながら美しい品を探し出して、日本民藝館を創設した。

この民芸において、いかに丹誠が尽くされたか。

陶磁器といえば、民芸ではないが、子どものころに知って忘れられないのが柿右衛門《かきえもん》だ。夕日に照らされて美しく輝く柿の赤色を現わそうと、失敗に次ぐ失敗の中で工夫を凝らし、ついに素晴らしい赤絵を完成させた。

刃物は、叩《たた》いては熱し、叩いては熱しを限りなく繰り返すが、その際に焼けた赤熱《せきねつ》の色が冷めて変わっていくのを見て、温度を判断して再び熱する。研《と》ぎはもちろん切れ味だが、加えて輝きの美しさに拘《こだわ》る。そして日本刀は美術品になった。

和紙については、越前《えちぜん》和紙の人間国宝に聞いた。砕いた繊維からのチリ取りが一番大切だという。冷たい流水の中に手を入れて、一つ一つ完璧に取り除いて真っ白にする。薬品を使えばチリの黒っぽい色は消せるが、それでは千年は持たないのだという。

この民芸品は伝統に止《とど》まることなく、職人たちは今も創作に励んでいる。いくつか挙げると、南部《なんぶ》鉄器は赤、青など鮮やかに色付けした鉄瓶を作り、コーヒーメーカーも作っている。川連《かわつら》漆器はカップの形の真っ黒な漆器の上部に銀を薄く塗って、その上に薄い漆《うるし》の黒を重ねてウイスキーグラスにしている。仙台《せんだい》漆器は、ワイングラスに、光によって色が変わる玉虫塗りを施している。越前漆器はモスグリーンとオレンジのツートーンカラーのお椀を作っている。九谷《くたに》焼は色鮮やかな彩色を活かして、カタツムリ、カブトムシなど小動物を作っている。美濃《みの》焼では、酸化亜鉛を微妙に調合して釉薬《ゆうやく》を作り、焼く温度を微妙に調整して千変万化の結晶で神秘的な模様をつくりだしている。

丹誠の上に創造を重ねていて、驚くことばかりだ。陶磁器、漆器、鉄器などばかりではなく、和歌山ではシュロの箒《ほうき》をまだ作っていて、色鮮やかな糸を結び、飾って置きたいほど美しい。畳のイグサで洒落《しゃれ》たバッグを作り、柳行李《やなぎごうり》はもう作ってないが、同じ素材で立派なカバンを作っている。

私はNHKのテレビ番組「イッピン」でこれらを知った。技術者はこれを見るべきだ。日本のモノ作りの原点がここにあると、良いものを作る自信がつく。また、これから日本の目指すべき方向の暗示が得られる。

「職人気質《かたぎ》」は褒《ほ》め言葉

日本で民芸と呼ばれる優れたものが生まれたのは、庶民の目が高く、美しさを評価し、雑なものを許さなかったことによるものだ。モノ作りでは「使い手」が「作り手」を育てる面があり、比較技術学では［表1］に示したように、供給要因と需要要因の二つの軸を立てて分析している。その需要要因に美意識を挙げたが、日本はそれが高いのだ。

中国は、一九八〇年代に六、七回、訪問したが、中国におけるモノ作りの現状と、古い時代に作られて残っている現物をできるだけ見るように心掛けた。そして次第に分かってきた。

中国にも、工芸品では見事なものが数多くある。中でもヒスイの加工品が目立つが、二年前に日本でも展示された台湾の故宮《こきゅう》博物院所蔵の「翠玉白菜《すいぎょくはくさい》」は、実に素晴らしい。これは小ぶりだが、中国の各所で見るヒスイの彫り物は、とても大きくて堂々たるものが多い。

これらは、皇帝や后《きさき》、政府高官、大商人のために作られたものだ。北京《ペキン》の故宮には数回行ったが、あの豪壮な建物に置かれて栄《は》える品だ。

それに比べると日本の城は質実剛健であり、きらびやかな大きな置物は似合わない。武士の住宅は書院造りだが、その床の間にはごく小さな陶器が似合う。そこに花が一輪活《い》けてあるのが日本の美だ。

日本の陶器の素晴らしさは、武士が嗜《たしな》んだ茶の湯の茶碗から始まった。信長《のぶなが》も秀吉《ひでよし》も家康《いえやす》も茶碗をとても愛したが、それは質素な中に味があるものであった。全国どこにでもあるごく普通の窯《かま》で作られる茶碗であり、似たものを庶民も買って使っていた。中国には宮廷直属の官窯《かんよう》があり、青磁《せいじ》、白磁《はくじ》が主で、それらはまさしく芸術品で、庶民には無縁であった。

日本では将軍、大名と農民、町民の庶民とは、美においてつながっている。庶民の目が高いのは当然だ。これが現代の「安くて良い」モノ作りを生み出した。

日本では陶器、漆器、鉄器などの職人が社会で確かな存在であり、「職人気質《かたぎ》」というのは褒《ほ》め言葉だ。良いモノを作る人々として世間から認められていた。

だが中国は事情がかなり異なっている。比較技術学においては、モノの作り手の基《もと》になる肉体労働者が、社会で確かな存在であるのかどうかが大きな意味を持つ。それに気づいたのは、中国社会について調べていて、肉体労働が蔑視《べっし》されているのを知ったからだ。中国は文の国であり「文章は経国《けいこく》の大業にして不朽の盛事なり」と言われ、一方で「良い鉄は釘に打たず、良い人は兵にならず」と言う。文が貴く、体を使うのは下賤なことなのだ。日本は武の国であり、体を動かして額《ひたい》に汗するのを良しとする国だ。

日本の職人は、親代々の仕事を受け継いで心を込めてひたすら製作に励んできた。そして技を極めると、匠《たくみ》と呼ばれる。匠は技ばかりではなく、人としての心を磨く。

日本はモノ作りにおいて、モノと心を結び付けている。小さな傷も見逃さず、不出来なものがあってはならず、傷ものや不出来を世に出すのは恥と考える。日本は恥の文化だが、これが今の工業製品につながっている。日本の製品の性能が完璧で欠陥がないのは、心を込めてモノを作ってきた伝統が活きているからだ。

まさしく「丹誠を尽くす」のが日本の強さである。

会社を皆で守《も》り立てる協働

「皆が協力して働く」も、稲作から生まれたと言える。まず、田圃への水を村の皆で分かちあうためには協調が必要だ。田植えと稲刈りは多大な労働を必要とするが、日本は季節の移り変わりが早いために、短い期間で済まさねばならない。そこで近隣の皆で協力しあって行なう。田植えと稲刈りは、地域の重要な行事となっていた。

江戸時代には戦《いくさ》はなくなって、武士は藩の行政に携わるようになったが、その大きな役割が、種々の産業を育てることだった。江戸への参勤交代は莫大な費用を必要としたが、それを捻出する有力な手段が、藍《あい》、砂糖、煙草《たばこ》、絹、綿、甘藷《かんしょ》などの換金作物を作ることだった。藩の役人、農民、商人が協力して良質の産物の量産に励み、広く売って藩の大きな収入源とした。この協働によって、江戸時代に日本で産業が芽生《めば》えたのだ。

江戸と言えば浮世絵だが、どのような絵が売れるかを考え企画する版元《はんもと》がいて、それを受けて絵にする絵師《えし》がいて、極めて精細な木版を彫る彫師《ほりし》がいて、寸分のずれもなく摺《す》る摺師《すりし》がいて、その協働の産物が浮世絵だ。

浮世絵は今で言えば人気役者のブロマイドであり、東海道、中山道《なかせんどう》など旅の観光案内であって、庶民の娯楽として安い値段で売られていた。それが日本独特の美を持って、フランスを始め欧州の画家に多大な影響を与えた。今では立派な美術品であり、ここにも日本の庶民が高い文化水準にあったことが示されている。

明治になって、江戸の藩が企業につながった。梅棹忠夫《うめさおただお》は次のように言っている。

「現代の会社の原型は十九世紀の藩であり、永代雇用の傾向を今に残し、江戸屋敷は東京本社と改称され、羽織の紋はバッジに変わったが、基本的な人間関係は残している」

丹誠の陶器、漆器などと違って、協働は形としては残らない。だが、企業が藩から受け継いだ大きなものは、運命共同体と言える。三〇年ほど前に日本企業の強さが世界に知れわたって、欧米からは異常に見えるその強さの根源として、ロイヤリティが言われた。日本企業の社員は、会社に忠誠心を持っているというのだ。そのころ私は、江戸時代ではあるまいしと、ロイヤリティには違和感を持った。

そこで思ったのが運命共同体である。江戸時代の藩は、徳川《とくがわ》幕府の強権的な治政によって、何らかの不祥事があればたちまちお取り潰しにあって、藩のすべてが悲惨な状態に陥る。したがって、藩が一体になって何としても不祥事を防ぐ必要があった。

戦後の急速な産業発展の中で、企業は運命共同体であった。社員たちは会社とともに発展していくという思いが強く、現実に会社はどんどん大きくなって、それに伴って給料は上がり昇進も早くなった。

逆に、当時でも稀《まれ》に倒産する大会社があったが、そのころは失職したら同じような会社への就職はいたって困難であり、人生は失敗に終わることになった。したがって会社はまさしく運命共同体であり、一つの会社で人生を終えるのが当時の理想であった。

今では、転職は普通のことであり、早い時期から会社を辞めて新たな人生に入る人も少なくないが、社員が協働によって会社を守り立てようという意識は強く残っている。

革新技術の開発で「集合天才」が力を発揮

協働は今の企業でも、さまざまな形で現われている。まず、先に述べたように開発と生産が一体になって協力していることだ。それでこそ、性能に優れるばかりではなく、品質に優れてコストを安くすることができる。

これは私には実体験がある。船舶工学科を出て日立造船に入社して、舟艇《しゅうてい》を建造する神奈川工場に配属された。仕事は生まれたばかりの水中翼船の開発設計だが、小さな工場で、事務所には設計も生産管理も一緒にいて、同期入社の友人は生産の現場であった。私も工場はよく回って、同じ場で仕事をしていた。

工場では、技術者と技能者が協働で助け合って仕事をしていたが、これは日本だけだ。技術者同士の、分野を超えた協働もある。日本が強いメカトロニクスは和製英語だが、電子と機械の技術者の協働の現われだ。お互いに相手の分野の技術も理解して助け合う。会社を超えての協働もあり、メーカーと部品メーカーの協力が密である。それは乗用車で特に濃い関係になっていて、例えばトヨタをトップに、二次、三次、四次の系列企業がある。いわばトヨタ一家だ。

この縦の関係を、今では不合理だとする経済学者がいる。シャープは垂直統合であるからおかしくなった、今は水平分業の時代だと言う。水平分業が進んでいるのは情報機器の分野であって、乗用車では垂直統合は必要だ。

企業間の縦の関係での密接な協働は、多くの産業において日本の強さだ。

革新的な技術開発にも協働がある。『技術開発の昭和史』(東洋経済新報社 一九八六年)を書いた折、テレビを開発した高柳健次郎《たかやなぎけんじろう》氏には神奈川県逗子《ずし》市のお宅にお伺いして、お話をお聞きした。その際、次の言葉があった。

「私は集合天才論ということを言っています。部下の全部が自分のチームの一員で、全員が仕事をよくしようと頑張りました。集合でやるから強いし、早くものができます」

欧米人に「集合天才」と言えば、キョトンとするだろう。天才は一人の極めて優れた人間のことで、普通の人間の集合が天才に匹敵するとは思いもしないに違いない。日本は協働で天才を創る。

日本ではスポーツでも集合天才を創る。リオオリンピックの四〇〇メートルリレーで、一〇〇メートル九秒台が一人もいない日本が、九秒台をそろえた米国を抜いたのだ。

技術開発でも、会社を超えて日本チームとして非常に大きな成果を上げた実例がある。一九七〇年代後半の超LSI開発だが、IBMがコンピュータの新システムに用いる集積度が格段に高いLSIを開発しているという情報が流れてきて、業界は非常な危機感を覚えた。そこで大型の政府プロジェクトが立ち上げられて、日立、東芝、三菱電機、NEC、富士通の五社が最優秀の人材を供出して、開発に全力を上げて大成功した。私はこれを、幕末、黒船来航に驚愕して生じた薩長土肥《さっちょうどひ》の連合と同じだと言ってきた。

この伝統からも、今度は、水素エネルギー社会の構築ができないと日本は落魄《らくはく》した国になるとの強い危機感を持って、産業界を挙げて、国としての開発に協働の成果を上げてほしい。

丹誠と協働が活きる分野では、技術流出は生じない

ここで丹誠と協働こそが日本の強さであると、技術流出の面から確認したい。

今は産業がグローバル化していて、産業、製品によっては容易に技術流出が生じることになる。電機産業では、製造装置から、あるいは部品から技術流出が生じた。これは防ぐことはできず、技術で生きていく日本にとって重大な問題だ。

また、技術者を通しての技術流出もある。三〇年も前から、土曜日の朝、ソウルの空港に日本人技術者が降りる姿がしばしば見受けられるという噂《うわさ》が流れていた。これは隠れた行為だが、やがて韓国企業が日本企業の幹部級のベテラン技術者を少なからぬ数で引き抜いて採用するようになった。製品の核になる技術を持った技術者であれば、報酬が日本での給料の三倍とか、億円の一時金などという好条件に釣られて、技術が流出した。

だが、この技術流出はどの分野でも生じるのではない。情報機器とその部品では容易に生じるが、乗用車や機械製品では、ほとんど生じない。なぜならば、製品は装置や部品が作るのではなく、人が作るからだ。乗用車では、部分的には自動化する装置を導入してはいるが、全体として優れた製品に仕上げるのは人だ。その人が丹誠と協働の心を持っているからこそ、日本車は非常に優れたものになる。

では、韓国の現代自動車がトヨタから優秀なベテラン技術者を引き抜けば、トヨタのような優れた車を作れるか。それは無理だ。乗用車を開発、生産するのに、これさえあればという核になる技術はない。また車は丹誠を必要とし、協働で作るものだ。日本人技術者が数人、韓国企業に行って、丹誠と協働の心を生み付けることができるはずがない。

以上、縷々《るる》述べたように、丹誠と協働こそ日本人の本来的な強さである。

4. 多様性を広げる戦略が、日本の生きる道

相性を見る尺度は優劣性、多様性、戦略性

日本にとって相性が良い技術、産業、製品は何であるのかを知ることが、これからの産業発展において最も重要だ。相性を計る尺度は三つある。優劣性、多様性、戦略性だ。

優劣性は、先に述べたように、テレビはどの企業が作っても性能、品質はほぼ同じであり、一方で乗用車はメーカーによって車の優劣は大きく異なるという面からの尺度である。つまり、テレビは優劣性が小さく、自動車産業は優劣性が大きい。

次に多様性も、相性を測る重要な尺度である。テレビは機種がとても少なく、購入する際にどれを選ぶかは、画面の大きさぐらいである。つまり多様性は小さい。

韓国など後発国は、同一製品に全力を集中してくるが、数種だけの製品を極めて大量に生産するとなると、強さを発揮できる。サムスンは、まずＤＲＡＭ、次いで液晶テレビ、そしてスマートフォンと、一〇年ごとにそれぞれに全力を集中する経営戦略を立て、それ

が功を奏した。

だが乗用車は、セダン、ワゴン、バン、スポーツカー、ＳＵＶがあり、一〇〇〇万円以上の高級車があり、一〇〇万円以下の軽自動車があり、多様性は大きい。

多様性が大きい産業では、日本は長年の経験を持つ豊富な技術人材によって強さを発揮できるが、人材が乏しい後発国では難しい。

戦略性とは、変化に対応する戦略のことで、ＤＲＡＭ、液晶テレビ、パソコン、携帯電話で示したように、これが日本が敗れた原因の一つであった。日本企業は本来的に戦略に弱いのだろうか。これは重大な問題であり、後に深く考える。

また、重要なのが撤退の戦略だ。戦争でもこれが最も難しい。ＤＲＡＭ、パソコン、液晶テレビは撤退の戦略を間違えた。東芝、シャープ、ソニーはそれで深手《ふかで》を負った。

日本は多様性文化の国

優劣性は単純な尺度だが、多様性と戦略性について考えてみよう。

まず多様性だが、日本は同質的な国と言われることが多い。確かに国民性は同質的かもしれない。しかし日本社会のさまざまな面を見れば分かるように、多様性にはとても富んでいて、文化の多様性、つまり「違い」において、日本のように多彩な国はない。

例えば祭り。主なものを北から挙げると、ねぶた、チャグチャグ馬コ、竿燈《かんとう》まつり、相馬《そうま》野馬追、京都の葵《あおい》祭・祇園《ぎおん》祭、岸和田《きしわだ》だんじり、阿波《あわ》おどり、博多《はかた》祇園山笠、長崎くんちなどがあり、ご承知のように、それぞれがまったく異なる特色のある祭りだ。

食べ物では漬物。思いつくものを挙げる。沢庵、いぶりがっこ、野沢菜漬け、しば漬け、高菜漬け、福神漬、松前漬け、たまり漬け、千枚漬け、ラッキョウ漬け、ハリハリ漬け、紅しょうが、梅干し、べったら漬け、広島菜漬け、奈良漬け、守口《もりぐち》漬け、山海《さんかい》漬け、薩摩《さつま》漬け、わさび漬け、西京《さいきょう》漬け。それぞれ味は独特だ。

工芸品ではまず陶器、主なものは南から薩摩焼、波佐見《はさみ》焼、鍋島《なべしま》、有田《ありた》焼、小鹿田《おんた》焼、大谷《おおたに》焼、萩《はぎ》焼、備前《びぜん》焼、京焼、信楽《しがらき》焼、織部《おりべ》焼、美濃焼、常滑《とこなめ》焼、九谷焼、益子《ましこ》焼、笠間《かさま》焼などよく知られている。主な産地だけでも五〇以上あり、それぞれに特徴がある。

例えば備前焼と萩焼は、私の父は岡山の産、母は山口の産で詳しいのだが、暗褐色と明るく柔らかな色合い、分厚くごつい造りと薄くて優美な姿など対照的に違う。

漆器を挙げると、春慶《しゅんけい》塗、輪島《わじま》塗、川連《かわつら》漆器があり、ほかにも津軽《つがる》、新潟、喜多方《きたかた》、会津《あいづ》、黒江《くろえ》、秋田、若狭《わかさ》、越前、仙台、山中《やまなか》などの塗りがある。陶器ほどではないが、それぞれ色合いに微妙な違いがある。

刃物では、堺の包丁は一〇〇種類以上もある。鰻を割《さ》く包丁が江戸割き、名古屋割き、京割き、大阪割き、九州割きとあって、それぞれ形と大きさがまったく違う。同じ鰻を割くのになぜこうも違うのか不思議だが、料理人の求めにすべて応じて一〇〇種を超えた。

染め、織は、京友禅《ゆうぜん》、加賀友禅、東京友禅、結城紬《ゆうきつむぎ》、大島紬、久米島紬《くめじま》、塩沢紬《しおざわ》、米沢紬、郡上紬《ぐじょう》、琉球紬《りゅうきゅう》、江戸小紋、黄八丈《きはちじょう》、紅型《びんがた》、伊予絣《いよがすり》、久留米絣《くるめ》、備後絣《びんご》、桐生《きりゅう》織、西陣織《にしじん》、博多織、佐賀錦、首里織《しゅり》などがある。世界各国に民族衣装はあるが、布地にこれほど多種多様性のある国は少ない。

この日本各地に見られる多様性は、日本列島が北から南へと細長く延びて、山が多くて海に迫り、四季の移り変わりが大きく、気候風土が全国で変化に富んでいることからくると思われる。日本はまさしく多様性文化の国であり、多様性民族と言ってもよいほどだ。

「隣百姓《となりびゃくしょう》」で似た製品の激しい競争

このように日本は伝統的に多様性に富んでいるにもかかわらず、これまで作ってきた工業製品は、似たようなものが多かった。それは、業界内で企業の大半が同一の製品にこぞって参入して、似たものを作って競い合うのが日本企業の常であったからだ。大量生産製品を効率的に安く作るためでもあった。

それには稲作民族特有の「隣《となり》百姓」が影響している。農民は耕作では、隣と同じことをやっていれば間違いがないと考えていた。

だが、似たような製品での激烈な競争は、結局は価格競争になり、足を引っ張り合って利益を上げるのが難しくなる。しかも日本では同じような規模の企業が、業種内に五社、六社さらに七社、八社もあるので、競争はいっそう厳しい。

そこで、液晶テレビやＤＲＡＭなど、多様性を出せない製品では利益を上げることができず、企業数が少ない韓国、台湾に価格と設備投資の競争で敗れることになるのだ。

多様性がある製品においても「隣百姓」の傾向はあり、これは日本の悪弊と言わねばならない。乗用車の場合は車に個性を持たせることができて、しかもユーザーにはそれぞれ好みがあるので価格での争いにはならないのだが、他の機械系の製品では、多くの企業が同種の製品を作ると、やはり価格競争になる。

日本には伝統的に非常に豊富な多様性があることを自覚して、自信を持ってそれを活かす方向に各企業が向かえば、海外市場で有利に戦うことができるのだが。

なぜ日本は戦略に弱いのか

戦略性は、韓国に敗れた四つの事例でみたように、日本の弱点のように見える。

だが日本には、戦国時代までは黒田勘兵衛《くろだかんべえ》、真田幸村《さなだゆきむら》など、戦略に優れた武将が数多くいた。ところが、徳川幕府が安定した力を持って二百数十年続き、戦《いくさ》がない時代になると、戦略は不要になり、日本人は戦略を忘れた。

しかし、維新の志士たちは、討幕と維新後の立国において戦略を駆使した。それは格段に進んだ欧米に追いつこうと必死になって、自《おの》ずから生じたものだ。

ところが日清戦争、日露戦争に勝利して夜郎自大《やろうじだい》になって、また戦略を忘れた。さらに悪《あ》しき精神主義が生じた結果、日本軍は無敵であり頑張れば必ず勝つとして、太平洋戦争時の陸軍、海軍の戦略はひどいものであり、百万以上の兵を無駄死にさせた。

戦後は、日本企業は世界で断然強くなり、世界中に輸出を伸ばして、米国の社会学者であるエズラ・ヴォーゲルに『ジャパン・アズ・ナンバーワン』と著作で持ち上げられて、高性能、高品質の製品を作りさえすれば良いのだと、大半の企業が戦略を持とうとはしなかった。企業が経営戦略と称するものは、たいてい経営計画に過ぎない。

この戦略は、日本人の国民性から見て、とかく軽視されがちであり、さらに良くないものとのイメージがある。戦略は戦う策略だが、策、つまりはかりごとは「策を弄《ろう》する」、「策士、策に溺《おぼ》れる」という言葉があり、否定的に見られる。

私は『戦略の失敗学』（東洋経済新報社　二〇〇九年）を著わしたが、それは、ミス、思い違い、手抜きなどによる失敗よりも、現場は一生懸命に努力して何のミスもないけれども、トップに戦略が欠けていたことによる失敗がより重大な問題であると考えたからであり、技術開発の数多くの失敗例を取り上げて、その原因を分析した。

取り上げたのは一六の事例だが、リン酸型燃料電池、プラズマテレビ、携帯電話機、液晶ディスプレイ、DRAMの他に、トロン、キャプテンシステム、アイボ、テクノスーパーライナーなどがある。

失敗の根本原因は「本質を理解できていない」「時代の認識ができない」「流れに抗せない」「内部に問題がある」の四つに区分した。

一般に、日本企業においては戦略の重要性の認識が弱い傾向がある。日本人は現場では小さなミスも許さないという心情が強く、ミスの根絶には懸命に努力するが、より大きな失敗は、戦略のまずさによるということに、思いがいたらないのではないか。

ところで、丹誠は戦略と相反する面があるのが気になる。丹誠を尽くす修行をしている

中で、「こうすれば楽に作れて儲かる」などといった策を考えると、「余計なことを考えるな。真面目にやれ」と叱られる。

深く考えれば、丹誠にも問題点がある。それは細部に向かい、小さなことに拘《こだわ》ることだ。そして、大きな動き、大きな方向を見なくなる恐れがある。つまり大局観に欠けることになる。

そこで必要であるのが戦略だ。経営幹部、社長には戦略が不可欠である。

三〇年先を見通して立てる真の戦略

考えると、戦略には二つある。一つはＷＡＲ（戦争）に関するものであり、一つはＢＡＴＴＬＥ、つまり目前の戦いに関するものだ。

ＷＡＲに対するのが戦略であり、戦う相手を知り抜き、戦うべきかそうでないかを考えて、最適の戦い方を選び、不利な場合の撤退も頭に入れて作り出すものだ。

一方、ＢＡＴＴＬＥに対しては、戦略よりも戦術と言うべきであり、日本では否定的に見られがちな「策」が戦術になる。

そこで企業戦略を、広い意味で三つに分けてみる。まず現在進めているビジネスに関す

るものがあり、これは戦術であって「策」だ。これも必要ではある。

より重要であるのが戦略で、中期、長期と二つある。中期は五年から一〇年先の製品、市場の激変に対して必要となる戦略だ。電機産業になかったのがこれだ。今の強さに自信を持つと、とかく戦略を忘れることになる。だが企業戦略の中核になるものであり、変革を迫られる日本企業にとって最も重要だ。


さらに、長期の戦略も、これから必要性が大である。その素晴らしい実例がある。

一九八〇年代にトヨタの豊《とよ》田《だ》英《えい》二《じ》会長は、二十一世紀には、効率が悪く環境にも好ましくないガソリンエンジン車は、通用しなくなるのではないかと、二十一世紀プロジェクトをスタートさせた。電気自動車、ハイブリッド車、水素発電自動車など可能性がある画期的な車の基礎的な開発に、力を注ぎ始めたのだ。それが今、見事に実ってきている。


製品、市場に変化がない乗用車だが、トップの英断で長期戦略は持つことができる。

二〇年、三〇年先の社会をしっかり見通して立てるのが長期戦略である。多くの企業が長期戦略を持つべきだ。その必要性が強く生じるのが、水素エネルギー社会の構築によってエネルギーが激変することだ。それは大半の企業に深く関わってくる。二〇年、三〇年先までの水素を中心としたエネルギーの展望を基に、長期戦略を立てねばならない。

5．人の働きの値打ちを上げる高付加価値生産性

ローテク産業のほうが相性が良い理由

日本の産業の将来において、最も重要なのは、相性の良い分野、相性の良い製品を増やすことだが、現状ではどうなのか。自動車に加えて、工作機械、建設機械、産業用ロボット、ＯＡ機器、社会装置などは相性が良くて今も強い。鉄鋼、化学も強く、相性が良い産業は多い。

工作機械は、一九八〇年代から日本は世界でトップを走り続けていた。最近、中国に生産台数では抜かれたが、それは中国では中・低級機種の国内需要が急増して大量に作るようになったからだ。

建設機械は、コマツが世界で二位であり、トップのキャタピラー（アメリカ）を追っている。

産業用ロボットは、日本が圧倒的に強く、ロボット王国の地位を維持しつづけている。

製造業がロボットの導入に意欲的で、多機種のロボットを開発してきた。

ＯＡ機器は、キヤノンが世界を独占していたゼロックスに対抗する複写機を開発した。極めて高度な精密さが要求されるプリンターでも、日本がインクジェットプリンター、レーザープリンター、カラープリンターを次々に開発して、トップを走り続けている。

社会装置は、ゴミ焼却装置、排水処理装置、脱硫・脱硝装置、海水淡水化プラントなどだ。超高層ビルの高速エレベーターもあり、その昇降スピードは世界で断然速い。

鉄鋼が強いのは、高炉、転炉、圧延と異なる生産プロセスの組み合わせであるからだ。それぞれで丹誠が求められ、三つをしっかりと結び付ける協働が必要になる。

ここで気づくのは、日本は機械系の産業と相性が良いことだ。一九八〇年代にエレクトロニクス・情報技術を中心にハイテクブームが生じて華やかに発展し、それに対して機械系産業はローテクと言われた。

ところが今はハイテク産業は韓国に敗れて、一方でローテク産業はとても強い。高度な技術開発力を持つ日本はハイテクに強く、ローテクは追いつかれて弱くなると思われがちだが、事実は逆なのだ。

これは経済学で時折言われるパラドックスだが、考えてみれば当然で、丹誠と協働は、機械系産業において最も強く発揮されるのだ。

電機産業は、なぜ相性が悪くなったか

電機産業は、かつては相性が良くて強かった。それが今では弱くなっているが、相性は時代によって変わることが分かる。かつては電機製品にはメカの部分が大きかった。その典型が家庭用VTRで、カセットからテープを引き出して高速で回転するヘッドに巻きつけるのは非常に高度なメカであった。日本はそれを見事に実現して、世界で八割のシェアを握っていた。ところが液晶テレビにはメカ、つまり動くものはまったくない。

世界中に売れたソニーの「ウォークマン」にはメカがあるが、代わって生まれたアップルの「ｉＰｏｄ」では、メカはごく小さな部品の磁気ディスクの回転だけだ。

情報機器からメカが消えたのは、半導体の進歩が非常に大きかったからだ。ウォークマンの記録はテープだが、半導体メモリでの記録が進んで、動く部分がなくなった。

化学も相性が大きく変わった。電機産業が低迷する中で、化学産業は逆に好調になってきている。時代とともに強さ、弱さが大きく変わるのだ。

一九七〇—八〇年代には、日本は鉄鋼産業は強いが、化学産業は弱かった。当時はナイ

ロンに続く革新素材を開発する時代であり、デュポン、ダウ・ケミカル、バイエル、ヘキストなど欧米の巨大企業に対して、日本の化学企業はトップでも売上高は一〇分の一、研究開発費は数十分の一で、革新素材の開発はできなかった。

しかし、時代が変わり、革新素材は生まれなくなった。そして液晶テレビやデジタルカメラなどの新しい情報機器や、リチウムイオン電池などの新製品に用いる高機能の素材が必要とされるようになった。

そこで、革新技術ではなく機能向上型の技術で新製品を開発するのが、化学メーカーの主流になった。これは応用型の開発であり、顧客の要望を探って開発するので、そこでは日本企業のほうが相性が良く、強さを発揮するようになった。

情報機器、リチウムイオン電池などは、韓国、中国の企業が日本に劣らず強くなってきたが、素材は日本に依存している。

このように産業の強弱は移り変わるが、水素発電の主柱の一つはなんといっても電機産業であり、ぜひとも復活してもらわないといけない。

電機産業が復活するカギは、相性が悪い情報機器を捨てて、エネルギー関連の電気機器と高度な機械、装置を柱にすることであり、新電機産業として進むことだ。それはかつての重電三社である日立、東芝、三菱電機に加えて、パナソニックの四社が中心になる。これまでは多すぎたのであり、四社で十分だ。

パナソニックは、家庭用水素発電装置の主力であり、また水素発電自動車に必要な蓄電池でもトップメーカーである。津賀一宏《つがかずひろ》社長は、「エネルギーに注力する」と決意を語っている。パナソニックから「パナエナジー」に再び社名を変えたらいかがか。

水素エネルギーが普及する時代になれば、新電機産業は、かつてのように自動車産業と並んで産業の両横綱になるだろう。

海外生産に走らなかったコマツ

振り返って見ると、戦後七〇年は産業、経済の発展においても激動期であった。一九五〇—六〇年代は復興して成長期、七〇—八〇年代は技術に強みを発揮し、ＧＤＰが世界二位と大きくなった強大期、そして九〇年代以降は一転して逆風期といえるだろう。

これからの三〇年を考えるには、この過去の状況を基に、新しいあり方を考え出すことが必要だ。特に逆風期は、電機産業の低迷は大きかったが、相性が良い産業も多かった。だが全般的には、その相性が活かせなかった。それは何故だろうか。

九〇年代には、二つの大きな逆風が吹いた。一つはバブル経済が崩壊し、国内市場が不振に陥ったことだ。もう一つは断続した円高が続いて、九〇年代後半には一ドル八〇円を切るほどになり、輸出製品の競争力に大きな打撃を与えたことだ。

なぜここまで円高になったのか。私は、丹誠と協働を間違えて働かせたからだとあえて言いたい。

私は八〇年代に、円高が過ぎるのは良くない、伸びるに任せての輸出拡大は止めるべきと雑誌や本で何度も主張した。だが各企業は円高でも国際競争力を落とすまいと、コスト低下に猛烈に力を注ぎ続けた。そして丹誠と協働で成果を上げて、輸出は落ちず円高は続いた。

だが力尽きて、多くの輸出製品を賃金の安い東南アジア、中国などでの生産に踏み切らざるをえなかった。これは自縄自縛というべきだ。経営者に先見の明がなかった。

ここであえて海外生産に走らなかった企業を挙げる。それはコマツだが、坂根《さかね》正弘《まさひろ》元社長は「日本は開発と生産が一体化しているのが強みであり、それは国内で作ってこそ可能になる」として、海外生産をやらなかった。協働を大いに活かしたのだ。

私は、開発と生産の一体化が日本の強さであるとは三〇年以上も前から言ってきたが、大企業の社長の発言として初めて聞いて、意を強くした。

海外生産が進むと、当然ながら国内生産は減少してＧＤＰは減る。それがＧＤＰの成長率が１％ほどに止《とど》まっている最も大きな原因の一つだ。

人の働きの値打ちを上げる

成長期、強大期から逆風期に時代が変わり、日本企業が経営において変えるべきことはいくつもあるはずだが、その最も大きなものが生産性だ。

日本が戦後すぐに米国に学んで取り入れたのは、物的生産性だ。つまり、一人当たりの生産台数を増やすことであり、成長期にはそれが発展につながった。さらに、コストの大きな低下を可能にし、「良い製品を安く大量に作る」ことを実現してきた。

ここで生産性の悪い例として、居酒屋チェーンを挙げよう。店で出す料理の種類は非常に豊富で、注文すればすぐ調理して持ってきて、味はまあまあで、値段はとても安い。従業員はテキパキとよく働く。まさしく丹誠と協働の産物であり、日本が作り出した優れたサービスシステムだ。モノで見た生産性は、非常に高いように見える。

しかし、労働は苛酷《かこく》で、報酬は低く、企業の利益も大きくはない。日本の製造業も多くは似たような状況であった。成長し強大になる過程ではそれも必要であり許されたが、逆風期に入ると、通用しなくなった。

ここで高橋是清《たかはしこれきよ》の言葉を挙げる。七度も大蔵大臣を務めて、幾度も経済危機を乗り越えた希代の政治家だが「人の働きの値打ちを上げる」ことを国の経済の基本とした。

これを生産性で言えば、付加価値生産性を高めることだ。人の働きは、日本人においては丹誠と協働によってたいへん優れているのだが、これまではその値打ちを下げてはいなかったか。居酒屋で起こった状況は、その最悪の事例である。

これからは丹誠と協働という素晴らしい働きの値打ちを、高めないといけない。それは、高くても売れる魅力ある良い製品を作ることだ。

その成果は、経済的にも十分に報われないといけない。企業は大きな利益を上げ、社員の給料を上げる。それが国全体として一人当たりの付加価値生産性を上げることにつながる。居酒屋チェーン各社は、料理の価格と従業員の給料を三割上げたら、付加価値生産性はぐんと上がり、優秀な企業であるはずなのだが。

消費者としては、料理は安いほうがいい。しかし、今の日本は安さを求め過ぎていて、給料安との負の連鎖になっているのではないか。それがデフレの最大の因《もと》である。

価格を上げて利益を上げて給料を上げて、高いものが買えるようにするというプラスの連鎖が必要な時だ。そして国としての目標とするのは、人口が減少しても経済水準を維持できる経済、産業である。それは一人当たりの付加価値生産性を、人口減少をカバーするほどに高めることによって実現できる。

高い付加価値生産性を実現する根本は、他国との激しい競争に巻き込まれず、日本でしかできない製品、日本でしかやれないサービスを目指すことだ。水素エネルギー関連の製品で、将来はその可能性が大いにある。だが広い普及はかなり先のことであり、現在の技術、製品で丹誠と協働を活かして、何としてもそれを実現しないといけない。

そして企業はともかく高い利益を上げることが第一であり、各社が10％以上の営業利益率を目標にする。成長期、強大期は企業にとって利益よりは売上が第一であったが、これからは利益第一とすべきだ。それが国のためである。

中小企業も含めて大半の企業が10％を超える利益を上げれば、国の税収は大きく増える。もちろん、自社のために長期でのリターンを目指した投資をする余裕も生じる。その投資の大きなものが、水素エネルギー社会に備えるものだ。

6.「日本」を活かす三つの戦略

日本であるからできる製品を開発する

このように日本の技術の強さの本質を考え出して、それを活かすこれからの基本的な方向を明らかにした。それは世界に向けて高付加価値の産業を展開することであり、高価でも売れる魅力的な製品を創り出さねばならない。

水素エネルギー社会構築の長期戦略を着実に進めるには、自動車、機械、電機など多くの企業が高い業績を上げて技術開発を続けていく余裕を持たねばならず、そこですぐに始めるべき戦略が必要になる。それは産業、製品の高付加価値化において、すぐにも大きな成果を上げる戦略であり、その方向は三つある。

第一は、日本であるからできる製品を開発することだ。可能性が高いのは「複合」だ。個々に丹誠を尽くし、それを協働で複合するのが日本の強さになる。すでに大きな成果を上げていてモデルになるものを三つ挙げる。

まずはトヨタのハイブリッド車であり、「プリウス」は開発、市販を開始して二〇年近く経つが、海外企業の追従は少ない。エンジンと蓄電池・モーターの二つの動力系を搭載するのだが、自動車の頻繁な起動、加速、減速、停止など、複雑な走行に応じて最も効率がいい最適の組み合わせと、加えてコストの低下を実現するのはとても困難なことだ。

これは革新技術ではなく、既存の技術の複合だが、難しい問題が多いのを一つ一つ解決しながら根気よく開発するのは日本人に向いている。しかも、第一章で述べたように、今は革新技術の可能性は低く、組み合わせ、応用技術にこそ期待が大きい。

次は、ＯＡ機器の主力であるデジタル複合機だ。複写機、プリンター、ファクシミリ、通信装置などを複合した機械だが、日本企業の世界市場でのシェアは八割にも上り、圧倒的に強い。その理由は、機械、光学、化学、材料、制御・通信などの多種の分野で構成される複合技術であることだ。韓国、台湾、中国には開発がなかなか難しい。

さらに中企業の例を挙げると、シマノの自転車部品がある。鍛造の優れた技術を基にして画期的な変速機を開発し、ブレーキ、レバー、ハブなどを複合したコンポーネントを作って、その優秀性は世界で圧倒的に高く、世界のプロレーサーのほとんどが利用している。シマノの営業利益率は、一〇年続けて15％にもなる。

このように韓国、台湾、中国ではとてもできず、米国、欧州にも容易ではない高度な製品がある。

IoTを活用したサービス、メンテナンス

戦略の第二は、製品、システムに関して、日本ならではのきめ細かなサービス、メンテナンスを実現することだ。これからは高性能に加えて高度な技術による優れたサービス、メンテナンスを提供することによって、高付加価値を実現できる。これはまだ進み始めたばかりであり、二つの事例を示すが、これから大きく広がっていき、日本企業の得意技にできる。

その実例はコマツであり、建設機械において今注目のIoT（モノのインターネット化）を採用した。しかもIoTの言葉が生まれる前から建設機械にセンサーをつけ、数多くの情報を本社に送ることによって、メンテナンスや稼働のアドバイスなど、サービスの向上を実現させた。

そのKOMTRAX《コムトラックス》は世界の四〇万台の建設機械を結ぶもので、顧客への心を込めたサービスであり、顧客第一の日本だから考え出せたシステムである。コマツには、水素発電

建設機械の開発に力を注ぐのを期待したい。

このＩｏＴによって可能になることは多様にあり、故障の察知、部品交換の勧め、事故防止、使用効率の向上、燃費向上、省電力、使い勝手のよさと快適性の向上などだ。日本ならではのきめ細かなサービス、メンテナンスができる。

もう一つの実例を挙げると、日立製作所の英国への高速鉄道の輸出がある。英国の鉄道は今では弱体化していて運営会社は技術力が乏しく、車両ばかりではなくそのメンテナンスも求められて提供した。日立は英国に二つの鉄道システムを輸出しているが、両方とも非常に高い評価を受けていて、二〇一八年から使用する新しい車両は「ヴァージンあずま（ＡＺＵＭＡ）」と命名され、ひらがなで「あずま」と車体に書かれている。

このシステムは、新幹線に搭載された、目立たないが重要な技術であり、ＪＲ東海、ＪＲ東日本は車両に膨大な数のセンサーを搭載して運行ごとに大量のデータを取り、メンテナンスに役立てている。日立はＪＲの協力で、英国でこれを実現した。

これもＩｏＴの一種と言えるが、このようなメンテナンスサービスは、工作機械、ＯＡ機器、ロボット、発電プラント、航空機などで実現でき、さらに応用範囲は広く、製品全般に可能性がある。

また日本の航空会社の定時運行は世界で抜群だ。その素晴らしいシステムとともにMRJを売り込めば、顧客は大いに増える。このような製品は多々あるはずだ。

丹誠物を日本に買いにきてもらう

以上の二つが主な方向だが、加えて第三の大きな可能性を挙げると、それは、日本でしか買えないモノを、作って売ることだ。

最近、インバウンド（訪日観光客）消費が大きな話題になっているが、今後、観光客は二〇〇〇万人から四〇〇〇万人へと、大きく増えることが期待されている。長期的には六〇〇〇万人にまでなるとも言われ、「人口減少は観光客の増大で補える」という説もある。

そしてGDPを増やすのに少なからぬ寄与をするのが日本でしか買えないモノの販売であり、それが数多くあれば、観光客のさらなる増加をもたらす。

それに最適であるのは、先に挙げた陶器、漆器、鉄器などの工芸品だ。日本の各地方には、多種多様、魅力的で買いたくなるモノが、数え切れないほどある。

これは将来ともに輸出を目指すのではなく、現地に買いに来てもらうのがいい。陶器、漆器、刃物、染物・織物などには、多彩な品種があり、一〇〇を超すほどの品物がズラリと並ぶことが少なくない。

輸出ではそれほどは並べられず、現地に来てこそ、それらの中から気に入ったものを選ぶことができる。大いに喜ばれるはずだ。

これは「丹誠物」と総称して「TANSEIMONO」の語を世界に広める。そして日本人は心を込めてモノを作ると知ってもらう。買って帰れば近隣、同僚、友人などに自慢するであろうし、見た人は日本に買いに行こうと思うだろうから、観光客をさらに増やすことになる。

地方自治体が、地方再生の良い手段として、丹誠物の生産、販売の手助けに力を注ぐといい。現状では生産できる個数は限られているので、何とか増やす対策を進める。そして周辺の都市に丹誠物の販売センターを設けて、生産地への案内の手段を整える。現地で、いかに作っているかを見てもらうのは、非常に良いことだ。多様性こそ日本の文化であることを、海外の観光客に実体験してもらえる。

今の中国人の爆買いは一時的なものだ。日用品、医薬品の良いものは中国でも作るようになる。丹誠物は素晴らしいので、大人気になるのは間違いないが、爆買いではなく感謝の気持ちを込めて「遠路はるばる買い」とするのがいい。

工芸品ばかりではなく、企業も丹誠物を開発できる。その典型が、名古屋の鋳物企業である愛知ドビーが開発した、無水調理ができる鋳物製のホーロー鍋「バーミキュラ」だ。これは水蒸気がまったく漏れない超精密加工で実現させたものであり、いま大評判で、飛ぶように売れている。

これはまさしく丹誠の産物だ。

このような世界で唯一の製品、他には見られない製品は、中小企業においてアイデアを出して開発すれば、数多く生まれるだろう。特に金属製品に可能性があり、自由に曲げられる柔らかい金属、異種の金属の組み合わせ、超微細な加工などにより、多様で斬新な製品がいくつも生まれている。

この金属加工が、伝統の民芸と結び付くとさらに良い。日本の非常に優れた技であるへら絞りで作った金属コップに漆《うるし》をかけた製品が生まれている。伝統の技と現代の技の結び付きだ。漆はヘッドフォンなど多種の工業製品に使われている。

中小企業は世界に広く販売網を開くのが困難であり、買いに来てもらうのが得策だ。

この三つのモノ作り戦略を着実に実施していけば、主要な産業が十分な力を蓄えて、三〇年先を目指した長期戦略としての水素エネルギー社会構築に進んでいくことができる。

また地方が活性化して、中小企業は日本のモノ作り文化の先頭に立って世界を視野に活動できる。

そして、人口が減少しても経済を維持していくことができるだろう。

第三章　世界の中での日本を見通す

1. 産業地政学で産業列強を見る

これまでの米国、これからの中国

この章では、これから三〇年の世界の産業、経済の動向と、その中での日本について考えていこう。日本が世界の先頭に立って、水素エネルギー社会を構築するための産業力を維持するには、どうしたらいいのだろうか。

前章で、日本の産業力の強さを十分に発揮する方向性を探ったが、人口が減少し、市場の伸びが期待できない日本が、これまでの経済水準を維持するには、これまで以上に国際社会の市場に進出し、そこで勝ち抜かないといけない。

戦いには相手がある。これまでの最大の相手は米国であった。米国とは、半導体、乗用車などで激しい貿易摩擦を生じたが、基本的に同盟国であり、また国情が異なり、互いに補完的な面があって、協調的な発展関係が実現できた。

だが、これからの最大の相手は中国だ。中国はやがては米国を抜いて、世界で最大の経済大国になる。

中国は米国とは違い、同盟国ではない。敵対的とまでは言えないが、歴史的な問題は大きい。また日本と同じ方向に発展しようとする中国とは、産業発展において激しく競合し、たいへん困難な関係になる恐れが大きい。

しかも、後から追うほうが強いのだ。日本はいかに対抗できるだろうか。

ところが中国については、この一、二年の経済の減速ばかりに関心が向けられている。しかも新聞、雑誌の記事では、さも、これで中国の成長が終わるかのような論調が少なくない。無責任と言うべきだ。

確かに、当面の経済減速の原因は、過剰な生産設備、国営企業の深刻な経営悪化など、いくつもある。だが、今の経済減速に目を奪われることなく、一〇年、二〇年、三〇年先の中国経済を見通すことが必要だ。

国の経済を長期的に見通すには、その国がいかなる産業を、どのように発展させるかを具体的に見ないといけないが、これは個別の産業とその動向、将来性についての知見に乏しい経済学者、エコノミストにできることではない。

なぜ、産業地政学が必要か

　私は比較技術学で、各国の産業を比較する目で見てきた。それを基に「産業地政学」を考えだした。地政学は地理的状況を基にして各国間の力関係を見るのだが、これまでは軍事力、政治力を国のパワーとしていた。だが現在、大国間での軍事力の行使は、相互破滅になるので、まずありえず、これからは経済力、産業力であり、産業の強弱が国家間の関係として最も重要になる。その面から分析するのが産業地政学である。

　ここでは前章で示した「相性」の視点が必要になる。どの国がどの産業と相性が良いのか悪いのかを基に、国の産業力を見るのだ。

　今なぜ産業地政学が必要なのか。第二次世界大戦後の主要国の産業における関係はどうであったかを見てみよう。まずは二大強国であった米国とソ連だ。その競合は言うまでもなく軍事力であり、冷戦として現われた。原水爆、大陸間弾道弾（ＩＣＢＭ）、原子力潜水艦、戦略爆撃機、超音速ジェット戦闘機などで、性能と保有量を激しく競った。

　ではソの産業力はどうであったかと言えば、これは比較にもならないほど歴然とした格差があった。米国は乗用車、電機など工業発展で世界最大の経済大国だったが、ソ連は、民生産業が全般的に甚《はなは》だしく遅れていた。

例を挙げると、米国の乗用車は大型で豪勢な車を大量に作っていた。ところがソ連の乗用車は、出力は小さくてスピードは出ず、車体はみすぼらしく、排ガスはひどかった。テレビは火を噴《ふ》くものが少なくはなくて、住宅火災の大きな原因になっていた。

産業面ではまったく競争にならず、産業関係は競合も協調も存在しなかった。産業力が非常に低いにもかかわらず、軍事力で競争をしかけた負担は重く、ソ連経済は崩壊した。

次に、日本と米国の産業における関係はどうか。この両国は、一九七〇―八〇年代の国際的な産業関係の最も大きな部分を占めていた。GDPが一位の国と二位の国であるから当然だ。日米両国は先に述べたように協調的な関係であり、産業地政学として取り上げる問題ではなかった。

ところがこれからは、中国の台頭によって状況が大きく変わってくる。米国を大きく抜く経済大国になることは明らかだが、軍事力の強化ばかりに目が向いていて、その産業力は、現在はあまり警戒されていない。だが、これから相当に強くなると想定される。しかもこの後に詳しく述べるが、日本と多くの分野で競合する。

日本にとってはもちろん、中国ばかりではなく、米国も加えて、日米中の関係を考えねばならない。さらにこれからは、産業大国にインドが加わってくる。インドは中国の後を追い、やがては中国より速いペースで産業を発展させるだろう。中国対インドの関係がどうなるかは、日本にとっても重要になる。

産業地政学では「産業地図」を基に考える。産業地図については、この後で述べるが、インテグラル型とモジュラー型、標準型と多機種型の二つの軸によって、多種多様な産業を四つに分類する。それによって、各国の産業力の強さが明確に示されるのだ。

発展国のハード産業が、世界のGDP成長の大部分

ここで世界の全体を見る視点を定めておく。まず国についてだが、発展国と成熟国の二つに分ける。これまでの先進工業国、新興工業国、発展途上国という区分は、今の時代には合わない。

韓国は先端的な電機産業で日本を抜き、生活水準、社会状況も日本とほぼ同じで新興工業国とは言えず、成熟国とするべきだ。

中国は宇宙開発では有人宇宙飛行と月面着陸で日本に先行し、独自の国際宇宙ステーションも計画している。またスーパーコンピュータでは五年連続で世界でトップになるなど、先端技術は世界のトップレベルに達している。だが、経済、社会の発展の可能性はな

お大きく、発展国とする。

最近、日本では発展途上国を「途上国」と略す場合が増えているが、これは失礼な表現であり〝途上〟を取るべきである。

また先進国は、後進に対する優越感を示す言葉であるが、先に進んだから優れているわけではなく、この言葉は捨てないといけない。成熟という言葉は進展、発展を善とする見方からすればマイナスイメージだが、長く先進してきた国はもはや大きくは成長しないという意味合いを自覚できるので、あえてこの語を用いる。

また産業をハード産業とソフト産業の二つに分ける。ハード産業は製造業、建設業、鉱山業などでモノに関わる産業だ。ソフト産業は、サービス、映画・音楽・演劇など文化、スポーツ、研究開発、教育などであり、ハードに対してモノではないものとしてソフトとする。

産業では、最近、ソフト産業をとかくハード産業より高く見る傾向がある。確かに成熟国ではソフト産業がいっそう華やかになり、伸びているが、ハード産業のように急速に拡大することはない。また国内需要がほとんどで、輸出の増加による急発展もない。

一方、発展国の経済発展は、ハード産業を国内需要と輸出の両面で伸ばして達成するのであり、これからの世界の経済発展をGDPで見ると、発展国において各種のハード産業、つまりモノが急拡大して、それが世界の総GDPの成長の大部分を占めるのは間違いない。それを明確に認識することが必要だ。

そして発展国のハード産業と、その製品が世界のエネルギー需要増大の大部分を占めることになり、これは、地球温暖化の根本的な問題でもある。

さらに言えば、第一章で述べたように、今の世界経済はマネーに翻弄されているが、エネルギーが大きな部分を占めるハード産業が大きく伸びて状況が変わってくる。世界経済を動かす要因としてモノが大きくなり、マネーによる翻弄は減るだろう。

日本の三〇年後への経済成長が、発展国のハード産業に大きく依存するのは確実だ。

産業におけるモジュラー型とインテグラル型

国家間の経済力の関係は三〇年で大きく変わるが、変わるのはハード産業である。ハード産業はイノベーションによって大きく変わり、また発展国ではテレビ、乗用車など大型製品や建設などによって、これから急速に成長する時期が続く。

日本は、人口が減少する中で経済水準を維持するためには、ハード産業とその輸出の拡大が不可欠であり、この面で今後の経済大国である米国、中国、インドと対比することが必要だ。そこで「産業地図」をハード産業によって示すものとする。

ハード産業は多種多様なので、全体を概観するにはグループ分けしないといけない。最も簡単なグループ分けは、先にも述べたとおり、二つの軸で四つに分けるものだ。その軸の一つは「モジュラー型」と「インテグラル型」による区分だ。モジュラー型の典型がパソコンであり、部品の仕様が定まっていて、どの国のどのメーカーが作ったものでも採用すれば出来上がった製品は完全に機能する。また生産は部品を組み立てるだけで、いたって簡単だ。

モジュラーという言葉はパソコンで生まれたが、経済学者がこれは新しい生産の仕組みであって、これから広く普及すると唱えて注目された。急速に進展した情報機器の多くがそうであり、この言葉が広く使われるようになった。

だが実際には、モジュラー型は情報機器の他にはあまり広がらなかった。

インテグラル型は自動車が典型であり、部品は機種ごとに開発し、生産はとても複雑である。これは非常に多くの部品を擦り合わせるように開発、生産するので、「擦り合わせ型」とも言われる。

もう一つの軸は「標準型」と「多機種型」だ。標準型の典型はパソコンであり、メーカーが作る機種は少なくて標準型として定まっていて、それを数年にわたって大量に生産する。これはモジュラーと対になる場合が多い。だがインテグラル型の中にも、航空機、新幹線、発電プラントなど、機種が少ない標準型の製品を多数作るものがある。

機種が多いのが多機種型だが、自動車が典型であり、セダン、バン、ワゴン、スポーツカー、高級車、中級車、大衆車、軽自動車など機種は非常に豊富である。工作機械、建設機械など、機械類は多種型であるものが多い。

この二つの軸で分けられる四つの型が、それぞれに特徴的な性格を持っていて、国の相性を見るのに好都合である。モジュラー・標準型は情報関連が主だが、装置が作る、あるいは部品が作るものが多い。

インテグラル型は、標準型、多機種型ともに高度な機械が中心で、基本的に人が作る。モジュラー・多機種型も人が作るが、高い技能がなくてもできる。

それぞれに属する産業、製品は次の通り。

A）インテグラル・標準型　航空機　鉄道車両　火力・原子力発電プラント　コンピ

［表2］ハード産業のグループ分け

	モジュラー型	インテグラル型
標準型	**(C)** 〔家庭・個人向け情報機器・部品〕 半導体　パソコン 携帯電話・スマートフォン 液晶テレビ 情報機器 電子部品 太陽光発電	**(A)** 〔インフラ、サービス業向け大型装置〕 航空機　鉄道車両 火力・原子力発電プラント コンピュータシステム 通信設備
多機種型	**(D)** 〔家庭・個人向け生活用品〕 小物の電機製品 衣服　雑貨 スポーツ用品	**(B)** 〔自動車、産業向け大型装置〕 自動車　工作機械 建設機械 産業機械　精密機械 医療機器 白物家電　社会装置 ＯＡ機器 船舶　鉄鋼　化学

ユータシステム　通信設備

B）インテグラル・多機種型　自動車　工作機械　建設機械　産業機械　精密機械　医療機器　白物家電　社会装置　OA機器　船舶　鉄鋼　化学

C）モジュラー・標準型　半導体　パソコン　携帯電話・スマートフォン　液晶テレビ　情報機器　電子部品　太陽光発電

D）モジュラー・多機種型　小物の電機製品　衣服　雑貨　スポーツ用品

これを見ると、それぞれの製品が何に向けられているか、おおよその区分けができる。

A（インテグラル・標準型）は、インフラとサービス業向けの大型装置が中心だ。

B（インテグラル・多機種型）は、自動車の他は産業向けの機械、材料が多い。

C（モジュラー・標準型）は、家庭、個人の情報機器、その部品が主だ。

なお、D（モジュラー・多機種型）として挙げたものは、モジュラーではないものが多いが、生産の容易性があるのでここに入れる。これは家庭、個人向けがほとんどだ。

2. 米国はイノベーションの国

大量生産こそがイノベーションだった時代

各国の各産業を相性で見るのだが、相性の基は比較技術学だ。比較技術学の要因は多々あるが、ここでは大きく国情を見て、それぞれの国の本質を把握して、それを基にする。

まず米国から始めよう。米国はサクセスストーリーが持て囃《はや》される国だ。多くの人が成功を得ようとする。米国では誰にも成功のチャンスがあり、多くの人々が敢然と挑む。その成功は、誰もやらない、やっていない新しいことを目指すのであり、それが米国の本質である。

十九世紀の産業勃興の時代に米国で伸びたのが、機械の大量生産だった。新大陸に移民してきて未開拓の厳しい土地を切り開くのに、機械の助けが必要だった。そこで農業機械、銃、ミシン、自転車、タイプライターなどを大量生産した。

欧州のような階級社会ではなく、貴族も富豪もなく、初期には国民すべてが大衆であ

り、欧州各地から続々と移民がやってきて人口が急激に増加したことで需要が拡大し、大量生産になった。

また販売も大量を目指して、広大な全土に売るための通信販売、手持ちの金がなくても買えるクレジットという新しい販売法を始めた。この大量生産、大量販売は、欧州の産業にはまったく見られず、欧州の人々は大いに驚いて「アメリカ・システム」と呼んだ。

二十世紀に入って、大量生産は飛躍的に発展した。ヘンリー・フォードが大衆の車を作ると宣言して企業を起こし、一九〇八年にT型車を開発し発売した。欧州で生まれた乗用車は貴族、富豪の遊び道具であったが、フォードは実用を目指した。

大衆の車は安くなければならず、フォードはライン生産を導入した。これはまったく革新的であり、生産のイノベーションだった。当初の八五〇ドルが、最安値では二六〇ドルにまで下がった。一二時間半を要した組み立て時間が、ライン生産で一時間半にまで短縮され、価格低下に大きく貢献した。

フォードは農民や工場労働者でも購入できる車を目指したが、まずは自社の社員が買えるようにと、日給五ドルという当時の二倍の給料を払った。働きの値打ちを上げたのだ。

こうして米国全土に自動車が普及して、一九二〇年代には家庭への普及率が50％に達し

ている。そのころは世界の八割の車がアメリカで走っていた。

このフォードの生産、販売の形態は「フォーディズム」と呼ばれたが、電蓄、ラジオ、電気冷蔵庫、電気掃除機なども同じように量産されるようになった。航空機は米国で生まれたが、国土が広大なことで需要が伸びた。ダグラス社が大量生産を始め、名機とされるＤＣ－３は一九三六年に生まれたが、一万機以上も生産され、世界中に販売された。

この機械の大量生産と鉄鋼、化学など、素材の大量生産で米国の産業は大きく発展し、米国は世界最大の経済大国になった。

技術革新と軍事、宇宙開発で躍進

生産だけではなく、技術開発においても米国は、世界で初めての新しい仕組みを作った。それは研究所における多人数による組織的な開発であり、トーマス・エジソンが始めた。エジソンは発明王とされるが、数多い発明の中で自らのアイデアによるものは少なく、他人の発明の改良型で事業として成功させたものが多い。

エジソンの最大の発明は、組織による技術開発の仕組みを作ったことだ。

経済大国になった米国では巨大企業が続々と生まれたが、それぞれがエジソンが設立したGE（ゼネラル・エレクトリック）に倣《なら》って、大規模な研究所を設立した。その成果として、大型の革新技術が次々に生まれた。

一九三〇年代から四〇年代にかけて、ナイロン、トランジスタ、テレビ、コンピュータ、ジェット旅客機、原子力発電、ペニシリンが開発されたが、このような大きな革新技術が短い期間に七つも生まれたのは、歴史的にも希有《けう》なことであった。

それがすべて米国であった。ナイロンは化学会社デュポンが開発した。トランジスタはAT&Tのベル研究所で生まれた。テレビは高柳健次郎が世界初の試作を行なったが、戦争で中断している間に、並行して開発を進めていたRCAが実用化に成功し、太平洋戦争中から商業放送を行なった。

コンピュータは大学や陸軍で試作されたが、IBMが本格的な実用化、商業化に進めた。ジェット旅客機と原子力発電は英国が先であったが、結局は、米国のボーイングとGE、WH（ウェスティングハウス）の超大企業が産業化した。ペニシリンは英国のフレミング博士が発見したが、医薬品として完成させて大量生産を行なったのは米国だった。

第二次大戦後には、米国は、戦乱で荒廃した欧州を抜いて圧倒的に強大な国家になった。間もなくソ連との冷戦が始まると、軍需産業を巨大化させた。

一九五七年に人工衛星でソ連に先行を許したが、国威とともに軍事面に関わる重大な問題と認識し、宇宙開発に全力を注ぎ、一九六一年にアポロ計画をスタートさせた。

こうして米国は宇宙開発、軍事の技術開発に巨額の投資をして産業化を大きく進めた。それによって経済をさらに成長させ、六〇年代は米国経済の最盛期となった。

イノベーションの時代の終わり

ところが米国で技術革新、イノベーションの時代は終わっていた。一九五九年にフォーチュン誌が一九六〇年代の技術予測を行なったが、革新技術として、超大型コンピュータ、電子交換機、壁掛けテレビ、電子冷凍冷蔵庫、EL（エレクトロ・ルミネッセンス）による面照明、ガスタービントラック、水素発電などが六〇年代中に開発されるとした。だが、一九七〇年までに実現したのは大型コンピュータの急進展と電子交換機だけであった。この二つは半導体の急速な進歩によるものであり、他の技術は全滅であった。

そして、圧倒的な経済大国になった米国に低迷の時代が忍び寄ってきた。それは、優秀な研究者、技術者を、急激に拡大した宇宙、軍事に取られてしまったことが大きな原因だ。宇宙と軍事は、最先端の技術を駆使して新しい高度なシステムを開発するのであり、米国の研究者、技術者にとってはたまらなく魅力がある分野であった。

そして一九七〇年代以降は、優秀な研究者、技術者が集まらなくなった鉄鋼、電機、自動車が、低迷を見せ始めた。

米国が先導するイノベーションの時代は終わった。

また米国が生み出した大量生産方式が、コンピュータを取り入れたオートメーションとなって日本にも広がり、大量生産が、もはやイノベーションではなくなり、米国企業は大量生産に力を注がなくなった。

ところで宇宙開発で生まれた高度な技術は、民生産業に役立たなかったのか。NASA(アメリカ航空宇宙局)は「アポロ計画」が六九年に見事に成功した後に、宇宙開発で得た多種多様な技術成果が民生分野に応用できるという「スピンオフ」を大いにPRした。ところが、宇宙開発で生まれた技術はあまりに高度で高コストであり、民生分野での実用は、ほとんど進まなかった。

また、軍事技術が民生技術を先導すると言われることがあったが、やはりあまりに高度であり、民生技術への応用例は、とても少ない。

一九九〇年代に入って米国はやや活況を取り戻した。それは米国が開発したパソコンが普及を始めて、やはり米国が作った画期的なシステムであるインターネットに結び付き、社会や生活での情報の応用が急拡大して、情報のイノベーションが生じたことによる。

半導体では、大型コンピュータに用いるDRAMなどメモリが中心の時代は日本が制していたが、パソコンの普及でマイクロプロセッサの市場が急速に拡大すると、この分野をほぼ独占していたインテルが急発展して、半導体のトップ企業にのし上がってきた。

さらに、米国はインターネットの巨大なシステムを築いて、パソコンと結び付けて次々と新しいサービスを生み出した。その応用範囲は極めて広い。これはまさしく情報革命であり、巨大なイノベーションである。そこで、米国は活況を取り戻した。

米国はイノベーションがある時代には大きく発展し、イノベーションがないと低迷する国だ。

米国は建国以来、大衆の国として発展してきた。大衆に向けた機械の大量生産で経済大国になり、中間階級を広げて豊かにした。それが米国の強さであったのだが、八〇年代から主要産業の低迷で状況が変わってきた。

特に、情報産業の急発展が米国社会を大きく変えた。マイクロソフトが典型だが、創業者と幹部社員たちが大層な高額所得者になる一方で、情報化の進展によって企業の中間層の多くが職を失った。また製造業にも中間層が多かったが、不振で徐々に減っていった。そして貧富の格差が拡大した。

米国は今では、成熟国の中では貧困層の比率が最も高い国である。それが二〇一六年暮れの大統領選候補者選出におけるトランプ人気に見られるように、政治状況を大きく変えようとしている。

情報によるイノベーションは成熟

それでは、米国の産業を相性によって個別に見ていこう。まず、米国に相性が良い分野を見ると、情報機器、半導体などのC型があり、情報イノベーションの核になって強かった。米国はパソコン、インターネット、スマートフォンの先覚者であり、情報産業を大きく伸ばした。もっとも、米国企業は機器の大量生産は台湾などに委託した。

この分野は生産に高度な技能は要せず容易であるために、鴻海《ホンハイ》が代表である受託生産をビジネスとする企業が台湾に広がって、米国は海外委託に走った。

ところが第一章で述べたように、情報機器のイノベーションは今では成熟に達している。スマートフォンの性能や応用分野はまだ広がるが、それ以上の大型市場の情報機器は生まれない。この分野での米国の力は、これ以上大きくは伸びない。

米国は高度な技術を生み出す分野、特に情報分野において、新興企業が次々に生まれて大きく発展する。だが、広く普及する時代になると、韓国、台湾、中国が台頭してきて、絶対優位はなくなる。スマートフォン時代を先駆けたアップルの「iPhone」も、今では売上高が横ばいになり、サムスンや中国勢に対して、次第に劣勢になっている。

将来は、アップルは中国勢の安値攻勢でiPhoneを放棄せざるを得なくなるだろう。中国製品は、今でも高価なアップル製品の数分の一の価格だが、さらに下げていく。アップルはこの一、二年、業績が下がっているが、それはアップルの技術開発力が低下したのではなく、開発すべきものがなくなったからだ。

米国の新興情報企業は今では情報機器を離れて、インターネットによるサービス（ウェブサービス）に走っている。車の利用者と所有者を結び付けるサービス、住宅の所有者と宿泊者を結び付けるサービス、写真や動画に関連するサービス、膨大なデータの分析など情報利用ビジネスの開拓に熱中してハード離れをしてしまった。

これらのビジネスは、創業者個人の大成功にはなるだろうが、インターネットやスマートフォンのように世界に大きく広がるものではなく、国の産業発展には結び付かない。

イノベーションがない鉄鋼、自動車は強さを失った

B型は、自動車、家電、工作機械、鉄鋼などだが、イノベーションがないので、今では米国に相性が悪く、一九七〇年代以降は力を落とした。

情報家電は、ラジオから始めてテレビを開発した家電の王者RCAの消滅が象徴的であり、GEもごく最近、白物家電を中国企業に売却して、米国の家電は消えてしまった。

乗用車はビッグスリーが低迷する時代に入った。シャシーはそのままに大型で豪華なボディを載せ、安いガソリンをがぶ飲みする車を次々と売り出していたが、七三年のオイルショックでガソリン価格が高騰して、大型車好みの米国民にさすがに嫌われた。

一方日本は、モノコックというボディとシャシーを一体化する方式に変えて軽量化を進め、小型で性能も燃費もとても良い車を開発し、日本車の人気が急速に高まった。

今ではGM、フォードはどうにか回復してきたが、米国市場でも日本企業にタジタジだ。フォードは日本市場では完敗であり、最近、直営の販売店をすべて閉じて撤退した。

鉄鋼は、戦前は世界で圧倒的に強かったUSスチールが低落した。それは、鉄鋼にはもはや革新的な技術は生まれないとして、力を注がなくなったからだ。一時期は、社名からスチールをとってしまったほどだ。米国の鉄鋼業は八〇年代に経営危機に陥ったが、日本

の技術と資金の援助があって存続している。

米国が強いのは農業機械だ。ディア社がトップであり、欧州と合併した企業も含めてトップスリーが米国だ。米国は巨大な農業国で、しかも産業化が進んでいるため、大型機械への投資に積極的である。また建設機械では世界の巨人であるキャタピラー、医療機器ではGEが強いのだが、これらの分野の市場規模は大きくはない。

B型は、米国は相性が良くなく、これからも大きな力を持ち得ない。

エアバスにリードを許したボーイング

A型では、鉄道は十九世紀後半から二十世紀に入ってしばらくは、世界で最大の鉄道王国であったが、乗用車メーカーの策謀によって鉄道事業は衰退させられた。

大型コンピュータは、IBMが一九八〇年代半ばまでは世界の七割のシェアを持つ巨人であったが、パソコンの時代になって低落し、経営危機にまで陥った。ルイス・ガースナーが会長に招聘《しょうへい》されて、IBMの体質を大きく転換したことで息を吹き返し、今はソフトとサービスで頑張っているが、かつての栄光はない。

原発は、一九七九年のスリーマイル島事故で国内での新設が禁止されて力を落とし、W

Hは東芝に吸収され、GEは日立と提携していて、かつての強さはない。

唯一強いのが航空機のボーイングである。だが、ダグラスを吸収して一時期は世界で圧倒的だったものの、英仏独スペインが設立したエアバスに追い上げられ、この一〇年は、受注量でエアバスがボーイングを上回る年がはるかに多い。

航空機エンジンでは、世界の三大メーカーのうち、GEとP&W（プラット・アンド・ホイットニー）が米国であり、圧倒的に強い。なお、航空機は軍事から民生への技術の流入が見られた数少ない分野の一つだ。

オバマ大統領は、二〇一三年の一般教書演説で製造業の復活を宣言したが、その有力な技術として3Dプリンターを挙げた。これは印刷するようにモノを作るので、確かに革新技術であり部品製作などに利用される。だが加工できるのがプラスティックなど柔らかい材料であって、その応用範囲は狭く、これによる復活は期待できない。

依然として圧倒的に強いソフト産業

このように、米国ではハード産業でこれから大きく伸びる業種は見当たらず、現状維持がせいぜいである。

米国のGDPの成長率は、好況の時代は2%を超えるが、平均では1、2%ほどの時代が続くだろう。

もっとも米国は、ソフト産業が非常に強い。映画、演劇、スポーツ、教育、研究開発などほとんどの分野で世界のトップである。それは世界中から最優秀の人材が集まってくるからだ。大きなサクセスのチャンスがあるので、それを目指してやって来るのだ。

このソフトパワーは、GDPを超える力を発揮して、米国を魅力のある国にする。

気になるのは、研究開発だ。大学がその中心的存在だが、米国の大学では豊富な競争的資金を持っていて、優秀な研究者に競争させて特に優れた者に研究資金をたっぷりと与える。そこで世界中から意欲に燃えた優秀な研究者が集まって来る。

だが、少なからぬ大学がこれから潤沢な資金を集めることができなくなることも予想される。そこで、中国が目をつけるのではないか。巨額の金を持った中国の超大企業が資金供与を申し出るだろう。米国の優れた研究開発能力と成果を、中国がうまく利用するようになるかもしれない。

3. 中国は蓄財の国

「改革開放」以前の産業界の実情

中国も成功を目指す国である。それは米国とは大きく異なって金儲けであり、蓄財だ。その主役は官であり、古くは「地方長官は一代やると三代食える」と言われた。地方で農民からさまざまな手段で収奪するのだ。それは連綿として続いて、今の大問題である政府幹部の汚職、腐敗につながっている。

民も蓄財する。中国は皇帝が支配する専制中央集権体制が二〇〇〇年続いた国であり、その厳しい政治の中で農民は必死になって生きてきて「上に政策あれば、下に対策あり」と言われて知恵を絞って抵抗した。その有力な対策が蓄財であり、お金を持っておくことだ。この言葉は今も生きているようで、政府の言うことになかなか従おうとしない。

また地域の権力者が農、工、商を束《たば》ねて経済運営を行なって、これは「諸侯経済」と言われた。これも今につながっている。

中国の「向銭主義」の傾向は強く、それは庶民も同じである。上海《シャンハイ》株式市場の投資家の大半は中国の個人であり、庶民も多くて、蓄財志向の広さを示している。投資家として未熟であるから、市場は乱高下する。

中国の工業発展は遅れていたが、一九七八年に鄧小平《とうしょうへい》が「改革開放」を決断して新しい時代に入った。

私は直後の七九年三月に中国政府の対外貿易部（日本で言えば通産省）の研究所の招待で、北京、上海、鞍山《あんざん》、瀋陽《しんよう》、長春《ちょうしゅん》などの二〇ほどの工場を視察してアドバイスを求められた。どれもひどい状態であったが、いくつか驚いた印象を挙げる。

北京のテレビ工場では、九インチの白黒テレビを生産していた。それが中国での大部分のテレビなのだ。しかも生産が追いつかず、購入するには配給切符が必要だった。その切符は成績が優秀な労働者に与えられるということだった。質はどうかと言えば、出荷して一年で二、三割が故障するという。工場長は部品が悪いせいだと平然と言った。

鞍山の鉄鋼工場を見たが、これは日本が戦前の一九一八年に建設した製鉄所であり、当時は八幡《やはた》製鉄所に次いで東洋で二番目に大きくて立派と言われた。ところが近づくと黄色い煙が全体に濛々《もうもう》としている。平炉《へいろ》をまだ使用していて、その建屋《たてや》がまるで廃屋のようであり、鉄鋼工場とは信じられない状況であった。

東北部まで行って、長春自動車工場を見た。ソ連の技術支援で建設したトラック工場だが、建物はレンガ造りで壮大だった。中に入ると暗くてよく見えない。目が慣れると床は土間のようなもので、いたる所に乱雑に何か置かれている。仰天したのは生産ラインの運転席シートを搭載する箇所で、二人用の長いシートがまったく乱雑に高く積み上げられていて、その中から近くのものを力ずくで引っ張り出していた。整頓の観念がなさ過ぎるので、求められたアドバイスでは、整理、整頓を強調したが、はたして分かってもらえただろうか。

白い猫にも黒い猫にも金儲けの機会を与える

鄧小平の「改革開放」によって、中国の産業は急速に発展する時代に入った。共産思想から決別しようと、鄧小平は「白い猫でも黒い猫でもネズミを捕る猫がいい猫だ」という名言を吐いた。これを中国人民は「白い猫にも黒い猫にも金儲けの機会を与える」と受け止めたに違いない。共産主義経済は、庶民がまったく金儲けできないのだから、中国人には最も相性が悪い制度だった。三〇年もよく我慢したものである。

そして、一斉に金儲けに走りだした。まずは各省、各大都市の共産党委員会が、テレビ工場を競って作り、冷蔵庫、エアコンなど家電製品に広がって、たちまち生産過剰になった。エアコンは、中国全土の生産設備能力が、世界の需要を超えるほどになった。

市場競争は資本主義国よりも激烈になり、鉄鋼、自動車など多くの産業に広がったが、倒産するかしないかの熾烈《しれつ》な競争であるから、曲がりなりにも技術は進歩していく。

産業の急発展の時代に入って、各省、各大都市が海外からの企業誘致に走った。地方政府の共産党幹部たちは、地域の開発事業で大成功すれば中央へ引き立てられ、また諸々の収入を増やすことにもなるので、開発に大いに頑張った。

これは諸侯経済の復活と言える。各地方政府がそれぞれ勝手に経済運営していて、中央政府がコントロールしているわけではない。各地方が遅れまいとして、先へ走るのだ。それが、多くの分野で投資過剰、設備過剰を招いた。

さらに、産業の主体が地方政府から企業に移っていき、設備過剰を甚だしくした。その代表が鉄鋼で、政府は過剰に陥った中小の製鉄所の整理を基本政策としたが、鉄鋼の国内需要の急増に伴い、中小企業が政府の認可を受けずに工場を拡大していった。

中国は世界でも例を見ないほどの急成長を見せたが、それは労働力が豊富で低廉《ていれん》であることと、長い自力更生の時代に、各産業がある程度の技術基盤を持ったことが大きな要因だった。また、より大きいのは、一三億人の巨大な市場の将来性を見込んで、日米欧の企業が技術と資金をどんどん注入したことだ。

こうして高度経済成長期に入るとGDPは拡大しつづけ、九〇年代は7、8%の成長になり、二〇〇〇年代からは10%以上になった。そして二〇一〇年には、日本を抜いてGDPは世界で二位になった。

なお、中国の発展を見るには、日米欧とまったく違う中国の本質を正しく認識しなければならない。それは強権国家であることだ。これは善悪の問題ではなく、発展国の経済発展における現実だ。開発独裁という言葉もあり、独裁のほうが有利だとする見解だ。

その実例は多く、韓国の朴正熙《パクチヨンヒ》大統領、マレーシアのマハティール首相、シンガポールのリー・クワン・ユー首相がそうだった。

これらの国が産業発展で成功した要因は、長期政権が国情と時代に合った強力な経済発展政策を実施できたことだ。特に中国では、一人の主席の一〇年に及ぶ強力な政権が続くのであり、その強さをしっかりと認識しないといけない。民主主義国家と比べると、経済運営で有利な面があるのは否定できない。

バブルが崩壊しても、やがて持ちなおす理由

ところが、現在は成長の勢いは弱まって、7％から6％の成長率に落ちている。これは過剰設備、過剰生産によるところが最も大きい。しかも、鉄鋼、造船、乗用車、液晶テレビ、太陽電池など、巨額の設備投資を必要とする産業の過剰設備であり、加えてマンションも過剰投資であり、その痛手はこれまでと違い国全体に及んで相当に大きい。今は経済バブルがつぶれる状況に近い。

また、習近平《しゅうきんぺい》国家主席による汚職、腐敗の極めて厳しい摘発によって、地方政府の幹部が公共的な事業の開発投資に尻込みするようになり、公共投資が進まない。

国有企業はもともと経営不振が多かったが、さらに悪化して、中でも規模が大きいのが石炭と鉄鋼だ。過剰な雇用を抱えていて、倒産させると失業者が急増する。

だが過剰設備と公共投資萎縮の問題は、四、五年で解消するだろう。汚職、腐敗の摘発は必要なことで、不振企業の整理も断行すべきことであり、社会不安をもたらす恐れはあるが、政府は強権で抑え込むのだろう。結果としては、経済活動の効率化につながる。

経済バブルがつぶれても五年も経てば、国民の蓄財志向は止まらず、それが大きなエネルギーになって、やがて発展の勢いを取り戻すに違いない。日本人はバブル崩壊で懲《こ》り

て、それ以来は消費にも設備投資にも消極的になったが、したたかで上昇志向の強い中国人は、少々の失敗ではほとんど懲りない。

中国政府は「新常態」という言葉を用いて、中程度の経済成長の時代に移るのを基本政策としている。技術開発の促進、産業構造の高度化、消費の拡大、都市化などを進め、それによって6、7%ほどの成長を、長期にわたって目指すようだ。

中国について日本では、当面の成長率の低下、景気の低迷ばかりを問題にしているが、一〇年、二〇年、三〇年後の中国を見ないといけない。そのカギになるのは技術開発の促進と産業構造の高度化だ。二〇一六年から始まった一三次五カ年計画では、目指す方向を五つのキーワードで示しているが、その筆頭が創新（イノベーション）である。

この産業高度化がどのように進むか。その原動力になるのは、やはり豊富な労働力だ。中国の場合、それはピラミッド型が特徴であり、裾野《すその》が広くて、頂点が高い。

裾野の代表が深圳《しんせん》などの家電・情報機器産業の集積地に、四川《しせん》省、貴州《きしゅう》省などから殺到した若い女子であり、急成長の時代には一万円ほどの低い給料で一生懸命に働いていた。頂点は二〇〇〇年代に入って進んだ高速鉄道、原発、宇宙開発、情報開発などであり、能力が高くやる気満々の技術者たちが集まって、中国ではその数が桁違いに多い。

その巨大なピラミッドの労働力が、どのような産業に向かうのか、それが中国の産業への相性を見る基本になる。

政府が強力に支援する産業

中国がこれから大きく伸ばす可能性が大きいのは、A型だ。これは政府が開発・育成と市場拡大で大きな力を発揮できる分野だ。強権国家で巨大国であるから、政府の力、金の力は大きい。そして世界でトップを目指して強力な政策を進める。習主席が掲げる「偉大なる中華民族の復興」の主柱とするのが、この分野だと思われる。

まず高速鉄道だが、国内での実績が大きく、それを基に海外進出をする。中国では二〇〇八年に高速鉄道が初めて導入されたが、今では総延長距離が日本の新幹線の六倍にもなり、保有車両台数でも五〇年の歴史を持つ日本を抜いた。開発、生産するのは国有企業だが、北車、南車の二社を、国際競争力を強めるために一社に合併した結果、売上高は中国を除いてはトップであったカナダのボンバルディアの四倍になった。

今では生産力が過剰となり、海外への輸出に大きな力を注ぎ始めていて、コストは日本の六割だと豪語している。インドネシアの高速鉄道では、資金面で強さを発揮して日本からの強引な逆転受注に成功した。現状では米国、タイ、メキシコなどで計画がつぶれ、インドネシアでは工事が遅延するなど問題が多いが、長期的には力を発揮していくだろう。

航空機では、MRJと同クラスのリージョナルジェットARJが、すでに納入に入っている。現在は国内のみでの受注だが、国際市場で強い競争力を持ちうるかどうかはこれからだ。次の一五〇人乗りC919の開発も始まっている。

中国が大きく有利な点は、格段に大きな航空機の国内市場を持っていることだ。習主席は二〇一五年に訪米してボーイング三〇〇機、三八〇億ドルを爆買いして、ボーイング737の組み立て工場の中国での建設を約束させた。これまではエアバスからの購入が多く、エアバスは天津《てんしん》にA320（一八〇人乗り）の組み立て工場を建設している。開発中の国産機C919はほぼ同じ大きさの機種であり、そこから技術吸収ができる。

原発については、これから数年は、世界の原発のおよそ半分が中国で建設されるという驚きの状況が続く。輸出も伸ばし、中国がやがて原発生産大国になるのは確かだ。また高温ガス炉など新型炉の開発でも、巨大なプロジェクトをいくつも進めている。その詳細は、第四章で示す。

高級機種で日本と激しく競合する機械産業

B型では、私が改革開放直後に訪中した際にも、工作機械、重電機械などは、かなりのレベルの製品を作っているのを見た。今は工作機械、建設機械など、主に中級機種、低級機種を生産している。

将来をどう見るかだが、政府は国際競争力を持つように、より付加価値の高い高度な産業への志向が強い。したがって、これから中級機種、高級機種へと転換が進み、日本と激しく競合するようになるだろう。

自動車では、中国はすでに圧倒的な生産大国であり、二〇一四年の生産台数は二四〇〇万台で、米国のおよそ二倍、日本の二・四倍だ。現在は日米欧の企業との合弁企業が中心だが、それをいつ卒業するかが問題である。技術開発力に自信を持つようになれば、自立に向かうこともありえるし、発展国に向けた低価格車の輸出に力を注げば、そこでも一大勢力となろう。

白物家電は、青島《チンタオ》にあるハイアールの電気冷蔵庫の工場を一〇年ほど前に視察したが、そのスケールの大きさに圧倒された。日本の二工場の数倍はある。日本に学ぶ六Sとして、「整理・整頓・清掃・清潔・躾・作法」をそのまま看板にして、工場に掲げているのにも驚いた。やはり同文の国だ。ハイアールは、徹底した顧客サービスで勝ち抜いた企業だ。並々ならぬサービスの一例は、学校教材にもなっている。

中国は今、白物家電を世界に伸ばそうとして、日本や米国の企業を買収している。ハイアールは三洋電機の家電を買収し、最近ではGEの家電事業を買収した。東芝は美的集団（マイディア・グループ）に白物家電部門を売却した。パナソニックは、海外ではどこまで対抗できるか。

船舶は遅れていたが、この三年ほどで進水量が急速に増えて、日韓の競合の中に分け入ってきた。今では韓国に並んでいて、日本は離されている。人件費が日本の四分の一であり、これから日韓を大きく抜くだろう。

鉄鋼は一九九六年の一億トンが二〇一五年には八億四〇〇〇万トンと、驚くしかない生産量の拡大で、圧倒的な鉄鋼国になった。それはもっぱら国内需要の急拡大によるものだ。だが景気低迷で今は設備過剰が甚だしく、一億トンも余剰が生じ、それが輸出に回って世界の鉄鋼市場を混乱させている。

生産する鋼板の大半は、建設などに用いる低質の鋼材だ。これからは乗用車に向けて高級鋼でも徐々に力をつけてくるだろう。

情報機器はやがて韓国を抜く

　C型の情報関連製品で注目すべきは、技術開発、ソフト開発の技術だ。これはベンチャー企業が担う場合が多いが、大学、国の研究機関が数多く集まっている北京中関村《ちゅうかんそん》がベンチャー企業の集積地となって、一万数千の企業が激しく競争している。精華《せいか》大学、北京大学が数多くのベンチャー企業を生んでいて、大企業にまで発展したものが少なくない。

　それらの企業では、博士には学士の三倍、修士は二倍の給料を支払っていて、日本とは大きく違ってたいへんな優遇だ。さらに業績を上げれば、ただちに給料アップに結び付く場合が多く、大学で猛然と学び、会社に入って猛烈に働く。

　情報機器の生産状況を見ると、パソコンは米国企業の生産基地が委託先の台湾企業の中国進出で中国に移った。中国で国立研究機関の研究者が設立したパソコンメーカーの聯想《れんそう》集団（レノボ）は、IBMのパソコン部門（日本IBMが担当していた）を買収して日本の技術を取り込み、今では世界トップの企業になった。日本のパソコンは振るわないが、日本のパソコン技術が中国を強くするという皮肉な結果になっている。

　ノートパソコンは世界の九割が中国で生産されていて、携帯電話機、デジタルカメラ、デジタルオーディオなども六割ほどである。中国は情報機器において、世界の大生産基地になっていく。

韓国を追って、中国企業が大きく伸ばし始めているのがスマートフォンと液晶テレビである。スマホはサムスンがシェアトップだが、シェアは減少しつつあり、二位のアップルを、いくつかの中国企業が追っているのが現状だ。

液晶テレビでは、世界シェアで四位に上がってきた海信集団（ハイセンス）が「ＳＨＡＲＰ」のブランドの製品を米国で発売している。それは、シャープのメキシコ工場を買収して生産するテレビだ。やがて中国は世界市場で韓国を抜くだろう。

ところがこれらの情報機器に用いる半導体は、米国、日本、韓国に大きく遅れている。中国は世界の三割を占める半導体の巨大な需要地だが、自給率は一割ほどと非常に低い。そこで政府は、二〇一四年に「国家ＩＣ産業発展推進ガイドライン」を策定して、二〇三〇年までに世界でトップクラスの半導体企業を複数育成する目標を掲げている。

その手っ取り早い手段は、米国の半導体有力企業の買収であり、巨大になった中国のいくつかの情報企業が、金の力で技術を取り込もうとしている。

この半導体製造や設計、応用機器の開発に取り組むのが、高給で優遇される研究者、技術者たちだ。非常に多くの優秀な人たちが競いあっている。

情報機器、半導体のイノベーションは成熟しているが、発展国では、機器はこれからも大きく伸びていく。そこで中国が低価格製品で乗り出してくる。米国、日本、韓国から中国への流れは、時代とともに進んで行くだろう。

太陽光発電の基になる太陽電池も、中国と相性がいい。これは装置が作る典型であり、米国企業が、ターンキー方式の製造装置を開発した。装置を購入してキーを回せば生産できるというもので、技術が不要であり、中国の多数の企業が殺到して、たちまち世界でトップに躍り出た。そして安価で世界市場を席巻《せっけん》している。

D型の小物の家電や雑貨は、農村の余剰労働力が少なくなって労働者が集まらず、給料が一九九〇年代の数倍にも上がって、しかもこれまでのようには一生懸命には働かず、強さは落ちている。

だが、内陸部、西部にはまだ労働力はあり、ある程度強さは維持されるだろう。高速道路と高速鉄道の整備が大きく進み、内陸部も今では僻地ではなくなって、工場進出が増えている。

農民工は深圳《しんせん》、東莞《トンガン》など珠江《しゅこう》デルタ地域への出稼ぎこそ減っているが、全国では横ばいであり、内陸部への工場進出で、地元で働く人が増えている。

中国は商から工に向かう

以上のように、中国には相性が良い産業分野は多い。したがって、これからかなり長期にわたって、ＧＤＰの成長率は低くはない水準を維持すると予想される。

だが、多くの経済学者は、中国の生産年齢人口が減少していくことから、中国の成長率を低く見る。これは適切な見通しだろうか。経済学者は経済を人の頭数で見るが、進歩発展すれば一人当たりの付加価値生産性が向上するのを忘れている。日本はこれからそれを強く目指すのだが、中国にもできないとは言えないはずだ。

高橋是清の言葉である「人の働きの値打ちを上げる」を習主席が知れば「我が意を得たり」と大喜びするに違いない。「偉大なる中華民族の復興」は、まさにそのことではないか。これまで長らく、中国人民の働きの値打ちはとても低かった。それを高めるのが復興であると考えているはずだ。低い所からは大きく上げるのは容易だ。

具体的には、付加価値生産性が高い原発、高速鉄道などA型がこれから成長する。また機械系が中心のB型は、高級機種を伸ばして付加価値生産性を高める。C型も多くの製品でこれから強くなる。ＧＤＰの成長率がある程度高い時期は、長く続くと見なければならない。

中国において発展の原動力は、やはり人々の蓄財志向だ。米国はイノベーション志向が強く、大きなイノベーションがない現状では、相性が良い産業は少ない。ところが中国の蓄財による成功では、手段である産業は基本的には何でもいいのだ。

中国は歴史的に長らく、商を志向してきた。陶器、絹織物、製鉄は早くから進んでいたが、手工業に止《とど》まった。近代化以降も、欧州から工業製品は受け入れたが、欧州商人の手先である買弁になって大きな利益を上げて、産業資本家ではなく金融資本家になった。

だが、中国人は商売上手と見られているが、商が中国の本質とは言えない。陳舜臣《ちんしゅんしん》氏は『日本人と中国人』（祥伝社）の中で、次のように述べている。

「日本では中国人は皆が商売人だと思っているが、そうではない。上海周辺の人がそうであって、地方の農村に行くと商売心などまったくない素朴な人ばかりだ」

米国と中国の三〇年後

中国はこれから蓄財の可能性が大きい工に向かうが、相性が良い産業が中国には多く、米国は少ない。それを基に三〇年後の両国の実質ＧＤＰがどれほど違うかを推測してみよう。そこで、両国のＧＤＰ成長率をあえて数字にしてみる。

二〇一五年の米国のＧＤＰは、約一八兆円であり、中国は約一一兆円だ。実質ＧＤＰにすると、中国がわずかに上回る。これからの成長率だが、中国は当面の６％前後から数年後にはやや上昇することもあると予想され、これからの三〇年間の前半の一五年は５、６％とし、後半は３、４％としてみよう。

米国は、情報の時代が終わって成長率はやや低めであり、前後半で１、２％とする。そこで中国と米国のＧＤＰ成長率の差は三〇年通しでは３％ほどになり、実質ＧＤＰでは中国は米国の二・五倍ほどになると推測できる。

なお三〇年間の成長率の差が２％であれば二倍に、３％であれば二・五倍に、４％であれば三・二倍になる。

中国が米国に対して三〇年後でＧＤＰ比二・五倍という数値は大き過ぎると思われる人が多いだろう。だが個々の産業について、国への相性とそれに基づく発展性を子細に見ると、このようになる。

米中の経済力の大きな格差は、日本に強く影響するのは確かだ。米国は安全保障において同盟国であり、経済面では日本が急激に追いかけて半導体、自動車など激しい貿易摩擦を生じたが、何とか解決できた。だが中国は、安全保障において、また政治的な関係においても対立する厳しい状況にある。加えて大きくなると予想されるのが経済摩擦だ。中国は日本を追いかける立場であり、追いかけるほうが有利なのだ。

一〇年、二〇年先には、日本と中国の間で激しい貿易摩擦が生じる恐れが大きい。例えば中国のテレビや乗用車を日本で売ろうとして、どうにも売れないことに強いクレームをつける。そして、対抗措置として日本からの輸入を制限するかもしれない。

三〇年後の日本と中国の経済力の差は極めて大きくなると予想される。名目のGDPでは、円安もあってすでに中国が二倍を超えていて、実質では四倍近くである。日本の成長率が現状のような1、2%の低い水準に止《とど》まれば、三〇年後には一〇倍にはなると予想される。今は日本と中国は同じ大国と言えるが、将来は大国対小国の関係になると覚悟しないといけない。

そこで日本ができることは、国際市場で断然強い産業を持つことだ。それが水素エネルギー関連産業である。何としても、日本は中国に対して、三〇年後に新たに強力なカードを持っていないといけない。

4. 悠久の国インドはゆったりと発展する

英国はインドを分割統治

インドはどのような国か、どうにも摑《つか》み難い国であり、インド人にとって成功とは何かは、私にはよく分からない。だが確かに言えるのは、インドは中国と多くの面で対照的だということであり、ここではそれを基に考えていこう。

まず政治だが、中国は二〇〇〇年の専制的な中央集権の長い歴史を持っている。それに対して、インドには四つの大きな王朝があったが、二〇〇〇年の歴史の中でインド全体を支配したのはおよそ半分の期間であり、しかも全土ではなく北部が中心の時代が多かった。

他の半分の期間は統一王朝の支配はなく、各地方に中小の王国が並立していた。それは地方の閉鎖性を強めることになった。

十八世紀になって、インドは欧州諸国からの侵入を受けた。東南アジアに胡椒《こしょう》や香料を求めて英国やオランダがやってきて、東インド会社を設立し、貿易、港湾都市を開発した。さらに最後のムガル王朝が衰退して内乱が生じたのに付けこんで、内陸部にまで入ってきた。欧州諸国の間にも争いが生じて、英国が勝利して全土を植民地にした。

英国は各地を次々と従属させて、それぞれをある程度の自治を認める藩王国にして分割統治を行なった。それは五六〇にもなり、全土がいっそう細分化されることになった。分割の政策は多くの面に及び、主要なものだけで二〇〇もあった地方言語はそのまま放置し、文字も十数種もあったが統一はしなかった。

また、カーストによる身分制の区分、ジャーティによる職業の細分化もそのまま続き、分割された社会が変わらず続いた。

中国の中央集権体制による集中と、インドの分割された政治、社会の違いは大きい。

インドで手工業として栄えたのは本綿布（キャラコ）であり、優れた技術と安い労働コストで品質が良くて安く、毛織物がほとんどであった当時の西欧社会では、綿のしなやかで優美な衣装が大人気になっていた。キャラコの輸入に力を注いだのが英国東インド会社であり、英国がインドで勢力を伸ばすきっかけになった。

英国は植民地支配で地税を苛酷に徴収し、また綿花、藍、茶、ジュート、アヘンなどの輸出用農産物を強制的に栽培させた。一方でインドの伝統ある綿工業は、産業革命によって生まれた英国製の綿の敵であるとして、強引につぶされてしまった。インドで近代的な産業は伸びようがなかった。

中国との共通点と相違点

インドは第二次世界大戦後に独立すると、ネルーの指導の下《もと》に、社会主義型社会の建設を目指し、そこに英国に倣《なら》った議会制民主主義を導入してスタートした。

産業では、公企業による重化学工業化を目指した。そして計画経済であるから企業に対して生産数量を割り当てるライセンス制を採用し、各企業はさまざまな規制にきつくしばられることになった。

政府からの生産ライセンスや補助金を得るために、政府と企業の間で汚職とブラックマネーが蔓延《まんえん》した。ライセンスの取得が企業間の争いであり、市場での争いは避けた。したがって、産業では生産性は上がらず、コストは下がらず、技術は進まなかった。

インドと中国がよく似ている面があって、それは汚職、腐敗が甚《はなは》だしいことだ。ただし大きく異なるのは、中国は開発をどしどし進めて、そこで動く巨額の金の一部を不正に得ようとする。いわば開発促進型であるのに対して、インドは許認可をあえて遅らせて、与えるに際して賄賂《わいろ》を得ようとするのであり、開発抑制型であることだ。

一九八〇年代末に襲ってきた厳しい不況を打開するために、九一年にインドも中国と同じような改革と開放の政策に踏み切った。中国に一三年遅れてであった。だが、体制の抜本的な改革は進まず、その後も中国のようには発展しなかった。

十数年前から国土と人口の大国であるＢＲＩＣｓ（ブラジル、ロシア、インド、中国）がこれから大きく発展するとの論がしきりに言われたが、私は真っ向から反論した。比較技術の視点で各国の国情を見ると分かるが、大きく発展するのは中国だけであるとした。現にブラジルもロシアも産業は大きくは発展せず、経済発展の大きな原動力であった各種の資源の価格低下で、今はマイナス成長である。

インドも中国のようには成長しないと、いくつも理由を挙げた。まず中国は強権国家であり、高速道路などインフラが急速に整備されていくが、民主主義国家は難しい。インドでは道路、電力、工場団地などの建設が住民の反対で大きく遅れる。それは、藩王国からの流れで、各地にある強力な地方政党の国会議員が住民とともに強硬に反対するからでもある。まさしく分割された政治の問題だ。

これが産業の発展を大きく阻害する。韓国企業ポスコが一〇年ほども前から計画していた鉄鋼プラント新設がどうにも進まず、インドの大財閥であるタタが建設していた自動車工場がかなり出来上がっていたにもかかわらず、反対運動でつぶされた。

またインドは、単純労働力の質と量の面で中国に劣る。農村の貧困は甚だしく、子どもを働かせねばならず、就学率が低い。中国は一人っ子であり、教育にお金をかける。

中国は中央志向、都市志向が強くて地方から働きに出る者が非常に多く、盲流と言われるほどだが、インドは地方が閉鎖的であり、都市に向かう労働者は中国に比べるとかなり少ない。

こうして、改革開放後のインドの経済発展は、中国のようには急速とはいかなかった。

いよいよ本格的な改革開放へ

しかし、二〇一四年に国政選挙でインド人民党が国民会議派に圧勝して、改革を強く進めるモディ首相が登場すると、政治状況は大きく変わってきた。モディは州首相をしたグジャラート州でインフラ整備、産業発展の改革に成功していて、国民の改革への期待が大きい。これはインドにおいて極めて大きな変革だ。国民会議派の没落によってネール・ガンディー〝王朝〟を頂点としたエリートたちが政治の力を失って、これから本格的な改革開放に進んでいく。

モディ首相は、さまざまな改革を始めた。最も大きいのは、インフラ整備と諸制度の簡素化だ。道路建設を急ぎ、電力を拡大する。諸制度は、土地取得手続きや許認可業務を簡素にすることであり、これは汚職、腐敗をなくすのに大きく寄与する。また、既得権益の巣窟《そうくつ》である電力庁など公営企業の改革を進めて、農業では中間業者を排除する。

もっとも、長年の悪弊と停滞は大きく、改革は容易ではないが、一〇年先を見ると、汚職、腐敗はほぼなくなり、インフラの整備が進み、就学率も高まって教育水準が上がり、地方が閉鎖的でなくなるだろう。

また生産年齢人口が多い点は、中国より大きなメリットになる。中国では二〇一九年をピークに生産年齢人口が減り始めて、二〇五〇年には今の九億人が七億人になる。一方でインドの生産年齢人口は、中国のおよそ一・六倍になる。

今は、海外企業の進出で、インドは中国より条件が良くないために、進出企業は多くない。日本企業の進出は、中国の二〇分の一に過ぎない。だがこれからは、次第に増えて中国に追いついていくと予想される。日本は長期的な視点からインドと結んで行くべきだ。

シリコンバレーから技術者が帰ってくる

インドの産業の現状、将来だが、中国に比べると産業の発展が全般的に遅れていて、詳しく述べるほどの事実があまりないのが実情だ。そこでインドの特徴的な事柄を基に、将来の可能性を見ながら概観する。

まずは、中国の産業発展の基盤になった小物の電機製品、衣服、雑貨などのD型だが、インフラの整備など条件が整うと、豊富な労働力が活きてきて、中国に代わって大きく発展する可能性がある。これが、インドの産業発展を底辺で支えるだろう。

情報関連のC型では、この十数年、ソフトウェア産業がインドで急発展してきたことが、情報技術、機器の発展につながるだろう。インドのソフトウェア産業は、米国からの委託によって急成長したのだが、理工系大学卒の技術人材が豊富で、それを活用することができた。

また、シリコンバレーにはインドからの技術者が大勢いて、米国とインドを結び付けた。シリコンバレーでの起業の四割以上が外国人によるものだが、インド人によるものが、その三分の一を占めている。

シリコンバレーは、今後は低迷の時代に入ると予想され、インド出身の技術者の多くが帰国して、機器の開発、設計やソフト開発の面で発展を主導するようになるだろう。

Ｂ型の自動車や機械系の産業は、インドではまだ大きくは発展していない。

非常に遅れていたインドの自動車産業だが、その遅れを大きく変えたのが日本のスズキだ。一九八一年にインド政府との合弁会社として進出したのが、インドの本格的な自動車産業のスタートになった。二〇〇二年にはスズキの子会社になり、今も36％のシェアを占めて断然トップを走り続けている。

その後、欧米の企業もインドに進出してきたが、中国に比べると大きく遅れている。インドの自動車生産台数は年間に四〇〇万台ほどで、中国の八分の一に過ぎない。民族系ではタタ財閥が乗用車に参入して、一九八九年に独自開発の車を発売した。二〇〇八年に一〇万ルピー（当時のレートでは二八万円）という非常に安価な車を発表して、大きな話題になった。だが売れ行きは思わしくなかった。

なお、ごく最近、ＮＨＫの番組で、比較技術学の対象になる非常に変わった自動車が今もインドにあるのを知った。それはタクシーに用いる三輪の電気自動車だが、驚くほど簡素で超軽量であり、しかも高速では走らない。したがって搭載する蓄電池の容量は非常に少なくてすむのだ。

日本では蓄電池が高価で、なかなか普及が進まない電気自動車が、インドではビジネスとして成り立っているのだ。それを生産しているのは、日本のベンチャー企業のテラモーターズである。

これは、インドの市場には日本では想像できないほど特異な面があることを示していて、見過ごしてはいけないことだ。

発展国が機械産業を育成する第一は工作機械であり、インドにも数百のメーカーがあるが、大半が小企業で技術レベルは低い。それは、高度な工作機械を大量に必要とする自動車産業が遅れているからだ。これから乗用車の生産が伸びるとともに、工作機械産業も徐々に発展していくだろう。

なお、この機械を中心とした分野のインドの相性は、中国よりは良いだろう。中堅の技術者育成の制度があり、また技術者、技能者が企業に定着して地道にはたらいて熟練を志向するからだ。

渇望される日本の原子力技術

A型で、インドがかなり進んでいるのが原子力だ。インドは第二次大戦後、早くから原子力の研究開発に取り組んでいて、研究用の原子炉を、一九五六年にアジアで初めて作っている。これは、日本よりも早かった。この後、原発は自力で開発して、一九六九年に第一号機を建設している。

だが、米国の強い反対に抗して核実験を断行したために米国の原発技術が得られず、国産は二〇万kWの小型に止《とど》まっている。そこで、日本から一〇〇万kWの原発技術を得たいと渇望していたが、モディ首相の来日でそれが進むことになった。

インドで原発の必要性は大きい。まず電力不足は甚だしく、首都のニューデリーでも頻繁に停電が生じている。またニューデリーの大気汚染は北京よりひどくて、汚染量は三倍で世界最悪だ。汚染が原因の市民の死者は、年間に一万人から三万人に上ると推定されている。その大きな原因が石炭火力発電所だ。

したがって、これから原発の建設を大きく進めるのは確かだ。二〇三二年までの計画では一〇〇万kW規模の四〇基を建設して、発電量は現在の一〇倍以上の六三〇〇万kWになる。日本にとって良い市場だ。

また高速増殖炉の開発にも力を注いでいて、一九七〇年代からフランスの技術を導入して、出力五〇万kWの原型炉の建設を目指している。

航空機は、インドもいずれは開発、生産に進むだろう。モディ首相は、二〇一五年にフランスを訪問して、エアバスでA320二五〇機の購入を決めたが、将来のインドでの生産をオランド大統領に約束させた。

高速鉄道は日本からの輸入プロジェクト（ムンバイ－アーメダバード間　五〇〇キロ）が実施され、二〇二三年開業の予定だ。これからゆっくりしたペースで建設が進むが、将来は車両の現地生産を望んでくるだろう。インドは国土が非常に広大であり、経済発展とともに地域間交流が進むと交通需要が急増するので、鉄道建設は普通鉄道も含めてこれから広がっていく。

インドの産業発展の可能性は未知数であり、三〇年後までのGDP成長率は見通すのが難しい。高い成長にいつ入るのか、どれほどの成長率になるか。

現在のインドの実質GDPは、米国、中国の四割強だ。一人当たりのGDPは、中国の五割と低い。インドはこれから高度成長の時代に入り、人口が増えることもあって、これから三〇年間の経済成長率が中国より平均で2、3%ほど高いと予想され、実質GDPは中国にかなり迫ってくる。中国とインドの二つの巨大国の時代になっていく。

5. 日本は協働で成功する国

松下とソニーの成功の秘密

さて日本はどのような国か。日本にとって、成功とは何であるのか、どのように成功を目指すのか。

各国の小中学生にアンケートで「将来、社長になりたいと思うか」という質問をして、その回答を比較したものを見たことがあるが、日本は、米国、中国やほかの国と比べて、社長になりたいと答えた生徒の比率が非常に少ない。日本人は成功を強くは目指さないのだろうか。

成功と言えば、日本には「立身出世」という言葉があるが、これは世に出て、何かを成し遂げて、偉い人、立派な人と言われることだ。個人の問題というより、世間で尊敬される人間になることが日本では成功とされる。また、「末は博士か、大臣か」という言葉もあり、その地位を得れば出世とされた。だが今はその時代ではない。大臣は国会議員の当選回数の多い人が順番待ちでなるようであり、どうにも尊敬できない人もいる。

また中国のように金が目標でもなく、にわかに金持ちになれば、成り金と軽蔑される。

立身出世の代表を挙げれば、かつては野口英世《のぐちひでよ》博士だが、今では松下幸之助《まつしたこうのすけ》だ。幸之助は小学校を中退して丁稚《でっち》奉公から身を起こし、二股ソケットから事業を始めて、戦後の家電隆盛の時代に大成功をおさめ、松下電器を最大の家電メーカーに育て上げた。

その松下幸之助と松下電器は切り離せない。つまり、会社とともに成功したのであり、社員全員が松下電器を日本一の家電メーカーにすることが成功と考えて、大いに頑張った。その猛烈な努力の中身は、丹誠と協働で売上高を伸ばすことだった。それに励めば、成功は自ずからついてくる。

もう一人挙げればソニーの創業者井深大《いぶかまさる》である。私は『技術開発の昭和史』(東洋経済新報社　一九八六年)のインタヴューで井深氏に「トランジスタの開発と応用」のお話を伺ったが、次のようにおっしゃった。

「東通工(ソニーの前身)は一二〇名ほどのちっぽけな会社でしたが、テープレコーダー開発のために技術者のいい人をたくさん集めていました。トランジスタは相当に難しそうだ、これに取り組んだらウチの技術者も面白い研究ができるだろうと考えたのです」

やはり、社長も技術者仲間とともに成功しようとしていたのだ。

日本で社長になりたい子どもが少ないのは、問題ではない。皆が頑張って会社が成功していけばよいのであり、長年の業績を認められた誰かが社長になる。それが日本だ。

捨てよ先端技術

日本の産業を個々に見ると、まず問題は情報機器が中心のＣ型であり、ここは、これまで述べてきたように丹誠と協働が活きないので相性が悪い。私は『捨てよ！先端技術』（祥伝社　二〇〇四年）という本の中で、ＤＲＡＭ、パソコンで敗れた理由を示した。また七、八年前から「テレビは日本は止めたほうがいい」と言ってきた。テレビを中核製品からはずした企業は業績が良く、しがみついた企業は業績が悪いのが現状だ。

もっとも日本ブランド志向がとても強い日本市場では、韓国製、中国製のテレビが近い将来に大きなシェアを占めるとも思われず、一、二社であれば事業を何とかやっていけるだろう。だがいつまで続くか。次世代の４Ｋテレビの開発で韓国は日本に劣らず強く、中国もすぐ後を追ってくる。

半導体は、東芝のフラッシュメモリと、ソニーのＣＭＯＳ撮像素子など、強いものもあるが、一部に限られてしまった。だが特定の分野では、これから需要が大きく伸びて日本が力を発揮できるものがある。エネルギー機器に用いるパワー半導体、ＩｏＴに用いる多種多様な半導体素子がある。半導体部門を切り離してしまった大手電機メーカーが再び半導体に力を注ごうとしているが、多様性が大きい分野では、日本は強い。

　情報機器からは撤退しても、築いてきた情報技術と半導体技術は強さを確保しないといけないが、それは可能である。

　再生可能エネルギーでは、太陽光発電は世界市場で中国との競合に敗れて、苦戦を強《し》いられている。日本が強い住宅用は伸びず、メガソーラーは中国に侵食され、参入企業数が多いので、撤退を迫られる企業が次々に出てくるだろう。

風力発電は、日本では市場がとても小さく、早くから参入した三菱重工業だけが世界市場で努力しているもののシェアはとても小さく、世界ではトップテンにも入らない。

　再生可能エネルギーで、日本は強い力を持ち得ない。再エネで産業の新たな発展を目指そうと提唱する政党があるが、それは幻想だ。

情報技術を機械に活かすＩｏＴで、日本は強い

自動車や機械系のＢ型は日本と相性が良い分野だが、工作機械、建設機械やＯＡ機器など機械産業は、中国と中級機種、さらに高級機種での競合が激しくなる。そこで、前章で述べたように、丹誠と協働をフルに発揮して日本でしかできない製品を開発し、組み合わせ、応用技術で他国を大きくリードすることだ。

ＩｏＴはこの分野で特に有望であり、コマツが先覚者になったが、機械と情報の複合に大きな可能性がある。ＩｏＴで可能になるサービス、メンテナンスは多種多様であり、それによって機械製品の競争力を大いに高めて、高付加価値の製品が実現できる。

ＩｏＴで要《かなめ》になる技術はセンサーだ。機械が発するさまざまな情報をセンサーで捉えるのだが、それは回転数、振動、温度、音、色、燃費、電力消費、速度、加速度、位置、動きなどであり、センサーは多様性が大きいので、日本と相性が良い技術だ。

情報機器技術は成熟したが、情報の応用技術としてのＩｏＴはこれから大きく伸びていく。モノに関わるので、日本の強さにできる。

船舶は、貨物船、タンカーでは競争力を失って中国に大きく離される。ＬＮＧ船など特殊かつ高度な船種で頑張らないといけない。三菱重工業は豪華客船に力を注いでいるが、

経験に乏しく苦戦している。徐々に力をつけ得るだろうか。

遠い将来だが、タンカーに代わって水素を運ぶＬＮＧ船に似た新しい船が必要になる。日本は先行して、断然たる強さを発揮できる。

鉄鋼は、自動車用鋼板において一段と超強力な新材料を開発するなど、高級鋼で力を維持できる。鋼材は画一的な素材ではなく、炭素を始めさまざまな元素を加えることで多様で高度な製品を作ることができる。ここに相性の良さが残る。

化学ではＣＦＲＰ（炭素繊維強化プラスティック）が航空機から自動車へと応用が進み、世界で七割のシェアを占めている日本が、さらに強さを発揮する。

インテグラル型産業で力を伸ばす

高速鉄道や原発などのA型も、中国との競合が厳しい。新幹線は確かに素晴らしいが、日本が達成した高度な技術は、低騒音、軽量化による省電力、地震に対する安全性、遅延が極めて少なく一時間に十数本も走らせる高度な制御技術の四つだ。ところがこれは、必ずしも海外諸国が強く欲するものではない。地震がない、少々の騒音はかまわない、運行は一時間数本でいいという国は多い。新幹線でも楽勝はできない。

鉄道事業全体では、世界のビッグスリーは、シーメンス（ドイツ）、ボンバルディア（カナダ）、アルストム（フランス）の三社だが、これから日本と中国が加わる。日立製作所は英国の高速鉄道再建の二つのプロジェクトを受注して、生産、納入を始めているが、イタリアの鉄道会社の二社を買収して本格的に世界に乗り出す。

日本の鉄道技術はメンテナンスが非常に進んでいて、運行がまったく安定しているサービスの良さがあり、それを活かすことが強さになる。

航空機は、試験飛行に入ったＭＲＪの競合相手が、カナダのボンバルディアとブラジルのエンブラエル、それに中国であるから、やがて日本が優位に立てる可能性は大きい。航空部品産業が日本では育っていないが、部品で最も重要な基盤となる技術は超精密な金属加工であり、この分野で非常に強い中小企業は多く、部品産業は着実に育っていく。

問題は原発だが、脱原発で国内市場がまったくない状態は、原発メーカーにとっては厳しい。この問題は次章で詳しく述べる。

このA型は、これから世界市場において、特に発展国において急伸する可能性が大きい分野であり、技術開発と海外市場の開拓において、政府の強力な支援が必要である。中小の発展国は資金力に弱く、日本政府の資金支援が必要不可欠だが、それには日本が強い経済力を維持していないといけない。

日本は得意とするA型、B型のインテグラル型で、日本にしかできない製品を創って、また高度なサービス、メンテナンスで付加価値生産性を大きく高めて、国内生産に力を注いで輸出を増やせば、今の1％ほどの経済成長率を、かなり高めることができる。それは日本の経済力を維持するためには、何としてもやらなければいけないことだ。

三〇年後の日本のGDPだが、中国と比較してどうであるのかが重大な問題だ。実質のGDPでは中国はすでに日本の四倍に近い。今の1、2％の成長率では、三〇年後には中国は日本の一〇倍になるが、成長率を3％ほどに高めれば、七倍ほどに収まる。

時代に相性が良い国が発展する歴史

このように産業列強の発展を見てきたが、ここで産業革命からの歴史を振り返ってみると、相性に関わる興味ある事実が分かる。まず産業革命を興した英国だが、蒸気機関も紡績機械も、実は市井のアマチュアが開発した。それは、英国はいち早く市民革命を興して、個人が大きな力を持っていたから実現できた。また農業における「囲い込み」で労働力が豊富に提供され、銀行の仕組みを創って資金が提供されて、革命と呼ばれるまでに産業が成長した。つまり、英国は産業革命に国の相性が良かったのだ。

ところが、産業は大きく発展して企業が担うようになり、個人主義の英国は相性を失って、代わってドイツが登場した。ドイツは集団主義の傾向があり企業組織に向いていて、クルップ、シーメンス、バイエルなど大企業が次々に登場した。また、産業発展に大学の研究が寄与するようになり、欧州では大学が大きく進んでいたドイツが有利になった。

さらに、ドイツは工業専門学校が数多く生まれて優秀な若者が集まっていたが、その中にベンツとダイムラーがいて、内燃機関を開発して自動車産業を興した。

その後に、イノベーションに強い米国が大型の技術革新を独占して強大な国家になり、またイノベーションから応用開発の時代に移って、それを得意とする日本が躍進した。

まさしくイノベーションに相性の良い国が、産業、経済を大きく発展させて繁栄するというのは歴史的な事実である。

これから生じる水素エネルギー社会構築の大イノベーションは、第一章で述べたように日本と相性が良い。しかし、二十一世紀唯一で最大のイノベーションであるから、産業大国はこぞって力を注いでくる。日本は相性が良くてスタートは早かったが、大きなリードを続けることができるか、これからまさしく正念場である。

6. 日本はインドと組む

産業における米中日の力関係の変化

さて、四つの産業列強が関わる産業地政学を基に、これからの産業力、経済力の国際関係のありようを考えていこう。

米国、中国、インド、日本を見てきたが、「産業地図」の上で各国の将来像をまとめてみる。それは四つの領域A、B、C、Dにおいての山、連峰や丘陵で表わされる。立体地図にできればいいのだが、文章で表わす。

米国は、A域では大きくて高い山が一つあり、航空だ。原発は今後はどれほど高さを取り戻すか。B域には、大きくはない高い山がポツポツとある。建設機械、農業機械、医療機器などだ。C域に聳《そび》えていた連峰は、これから地盤沈下していく。

中国は、A域に高い山が現われる。原発、高速鉄道だ。最も大きくて高い山が原発であり、聳え立っている。B域では、多くの山が少しずつ高くなる。鉄鋼の見せかけは巨大であった山は、徐々に縮まってくるだろう。C域は、情報機器、半導体が丘陵として大きく盛り上がってくる。D域の山は地盤沈下するが、内陸部には残る。

インドは未知数の産業が多いが、A域ではまもなく原発の山が高くなる。B域では多くの山が新たに現われて、着実に高く育ち始める。C域では、大量生産ではない高度な特殊な情報機器に可能性があるだろう。大きな山が確実に現われてくるのがD域だ。

日本は、A域では鉄道は高い山になるだろうが、原発は現状では厳しい。航空機は小さいが鋭い山だ。B域では自動車の高い大きい山が、水素発電自動車によってさらに高くなるだろう。その他にも機械の連峰はしっかりしている。C域には高度、高級として小さな山が残る可能性はある。

この産業地図から国家間の関係を概観する。まず日本と中国だが、C域の情報関連では中国は韓国に代わって世界でトップになり、日本は中国への輸入依存が高まっていく。

A域では、高速鉄道で中国が圧倒的な企業力で強さを次第に増して、日本の強敵になる。原発も、中国の圧倒的な建設実績に圧される。実質GDPの七―一〇倍がもたらす国の経済力格差と、それを基にした政治力の強さを思い知らされることが多くなるのではないか。

B域が日本の依《よ》り処《どころ》だが、日本が強い高級機種に、中国が迫ってくる。競合関係が厳しくなり、その対抗策を取ることが不可欠だ。

このように個別の産業で見ると、日本と中国の今の大きな技術格差から中国の産業力を軽視、蔑視するのは、とても危険であると分かる。

日本と米国はどうか。A、B、Cのすべての域において、日米の関係は協調的あるいは分業的であり、その状態が続くだろう。イノベーションのない時代に米国は苦しいが、唯一の水素エネルギーでは、日米の協調関係によって両国をつなぐ絆《きずな》にできる。

米国と中国が競合する分野は、日中ほどには多くはない。C域では米国はやがて情報機器から撤退していく。A域で航空機での米国の強さは続くが、問題は原発だ。中国が世界での建設を大きく進めていくと、米国は国としてどう出るか。原発は核の全般的な問題にからむので、日本と組んで中国に対抗することになるだろう。

B域では自動車だ。米国は長らくの自動車大国であるが、中国が生産量、販売量で米国を大きく離すことで、米国が大国の地位を失うとなると、どう出るか。原発と自動車は個別の産業問題から、米国にとって国威に関わる重大な問題に発展するのではないか。

米国は、あくまで中国と対抗するために、日本との関係を深めようとするのだろうか。

日本に高い技術力がなければ、中国との共存的な関係を模索するかもしれない。

三〇年後の日本にとって、そして世界にとって最も重大な問題は、米国が世界で強力なリーダーシップを取り得る国であるのかどうかだ。そのパワーが米国にあるのか、今のような世界のリーダーとしての強い意志があるのか。

すでに米国の政治において、世界のために国力を費やして大いに努力することへの反対の傾向が現われ始めている。その根本には、産業、経済における強大であったパワーの低下と国民の不安、不満がある。しかも、この章で詳しく述べたように、中国に対しての低下は次第に大きくなると予想されるのだ。

キャスティングボートを握る日本

この産業地図を基にして四カ国の成長率を推定し、三〇年後の実質GDPのおおよそを示すと、米国を一として、中国が二・五、インドが二、日本は〇・三ほどになる。成熟国の米国と日本を合わせて発展国の中国とインドを比較すると、現在は米日の実質GDPは中印よりやや少ない程度だが、三〇年後には中印が米日の三・五倍になる。やはり、世界経済は発展国の時代になる。

日本は中印米全体の二〇分の一ほどの実質GDPになって、産業列強に名を連ねるとしても、総体として小国になる。だが小国には、強いパワーにできるものがある。中国、インドの両大国の間にあって、キャスティングボートを握ることだ。

その相手はインドである。中国はそれを嫌って、日本がインドと強力に組むのを防ぎたいと考えるだろう。それがキャスティングボートの働かしようになる。

中国とインドは、これから何かにつけて対立し競合するだろうが、産業力、経済力において特に激しくなるに違いない。日本と組んだ国が有利になると見られるはずだ。

産業地政学にも地政学がからんで、遠交近攻が有力な手段になる。近攻は領土問題から生じるが、日中間には尖閣《せんかく》諸島の争いがあり、中国とインドの間では領土侵犯をめぐる国境紛争が長く続いている。日本とインドの間には何もない。

また日本と中国の間には侵略戦争をめぐる歴史問題があるが、日本とインド間では、太平洋戦争中にインドの独立運動家チャンドラ・ボースを助けようと尽力した歴史事実がある。ボースは飛行機事故で命を落として、独立運動は途絶えたが。

このボースは近年インドで評価が高まり、ガンジー、ネルーと並んで独立闘争の三大英雄と称《たた》えられている。政治の面で日本とインドの間には何の問題もないのは大きい。

また日本とインドは、民主主義、自由、法の支配の尊重という価値観を共有している。あらゆる面で、日本は長期的な国家戦略として、インドと組むべきだ。

日印が組めば、中国には前門の虎、後門の狼

日本は、インドとの国家レベルでの技術、産業の提携を目指すべきだ。

まずは原子力だ。インドはこれから原発を大きく伸ばしていく。日本の一〇〇万kWプラントの技術を渇望しているので、新設の原発の多くを受注できる。そして協力関係を築いて、インドが技術力を高めれば、日本は主力機器を担う方向に進む。

さらに重要なのは、高温ガス炉の開発で協力を得ることだ。日本に若くて優秀な技術者を大量に招いて開発メンバーに加える。原発が社会全体で避けられている日本では、これから若くて優秀な原子力の技術者が乏しくなるが、そのピンチを救うことができる。

インドは一六の国立大学の総体であるIIT（インド工科大学）という世界中の大企業が欲する最優秀な人材を育てる工科大学があり、また理工系の大学数は二〇〇〇ほどと多く、毎年の卒業生は七〇万人で日本の七倍であり、技術人材が豊富である。

この豊富な技術人材の多くがこれまでは米国に、情報産業に向かった。シリコンバレー

とソフトウェアのインドでの委託生産だ。これからは情報ではなく、エネルギー関連産業での人材活用にインドも賛同するはずであり、日本に向けてもらう。

原子力の他にも、A型の産業での広い協力関係を築くことができる。これは政府が大きな役割を果たす分野であり、両国の間に深い関係を築くことが可能だ。航空機では、インドもまずは国内需要を目指して小型ジェット機から開発に取り組むだろう。そこで、日本のMRJが目標としている二五〇〇機の受注ができるとしたら、一部はインドでの組み立てとして、日本は次期の一五〇人乗りに進むことができる。

鉄道は、高速鉄道の受注から始まって、やがてインドでの車両生産に移行する。そしてサービス、メンテナンスを含めて鉄道事業全般の協力関係に向かっていく。東芝はインドに車両の制御システムの製造工場を建設すると発表した。中国は鉄道を急速に発展させたが、インドもこれから鉄道を大きく伸ばしていくはずだ。

A域でこのような広範な提携関係を築けば、民間企業が主導するB域の多種の機械でも協力関係が進む。先に述べたように、インドの市場は日本とは大きく異なっている面があり、機種の分担関係が可能になる。基本的には日本は高級機種であり、インドは発展国向けのさまざまな機種ということになる。

先に述べたように、中国は中級、高級機種を目指していて、日本と激しく競合するようになる。その中国は、高級機種では日本、その他の機種ではインドと争うようになって、前門の虎、後門の狼ということになる。

このように、中国とは競合し、インドとは協調を志向するが、これが産業地政学の戦略だ。政治力、軍事力は優位が非常に長期にわたって続き、米国は百年ほども圧倒的に強い軍事大国である。だが産業力は、この先三、四〇年で勢力地図が大きく変わる。三〇年後を見通して戦略を考えるのが、産業地政学だ。

水素エネルギーが産業地政学のパワーに

このように産業地政学を考えてきて、その将来において水素エネルギー技術が極めて重要なパワーであることが分かる。日本と米国の関係において、水素発電自動車の技術協力に始まって、水素エネルギー技術が日米の強い絆になる。水素発電の利点を活かすコジェネレーションは、産業機器の複合技術であり、米国は不得意だ。日本が支援できる。

最も重要であるのが、水素生産に用いる高温ガス炉の開発であり、日米が共同開発する大型のプロジェクトを組んで、大いに進めねばならない。

日本よりはるかな大国になる中国に対しては、これまで強調してきたように水素エネルギー技術が強力な対抗手段になる。特に、乗用車を始めとした機械産業において、水素発電装置の応用が、日本の大きな技術力になる。

インドからは、水素を大量に生産するために不可欠な原子力の開発において、若くて優秀な人材を得ることができる。

また産業地政学における大きなパワーは国の資金力であり、発展国に勢力を伸ばす力になる。これまで先進国が発展途上国へ経済援助をしてきたが、これからは巨大発展国の中国が、中小の発展国を支援する場面が増える。

日本はＯＤＡ（政府開発援助）では、ＧＤＰが世界二位であった一九九〇年代は援助金額で世界トップであったが、今では金額は二分の一になって世界で五位だ。金銭による経済支援では中国にとても敵わず、そこで、発展国に対しても技術による支援が重要になる。それを可能にするのが、これもまた水素エネルギー技術である。

日本にとって、水素こそが産業地政学の大きなパワーになる。その水素エネルギー技術において、日本がいかに強い力を持ち得るのか。次章で深く考えていこう。

第四章　水素エネルギー社会を、いかに実現するか

1. これからの世界のエネルギー展開を見通す

再生可能エネルギーに不可避な、収穫逓《てい》減《げん》の法則

第三章で明らかにしたように、水素エネルギーこそが、将来の日本が世界において働かせることができる唯一の大きなパワーになる。ところが第一章の最後に示したように、水素エネルギー利用において、日本には致命的な弱点がある。水素エネルギー社会の構築を進めるためには膨大な量の水素を生産し供給することが不可欠であり、それは原子力に頼るほかないのだが、日本では現在、脱原発の空気が強く、原子力技術の大々的な開発が進められないことだ。

この問題は、いかにして解決できるのか。まずはそれを考えないといけない。そのためには、地球温暖化防止に向けて激変するエネルギーの将来において、世界はどのように動くのか、日本は世界の中でどうするのかを見通すことが必要だ。

それを考える基本は、化石燃料の消費をゼロに向けて減らすための代替エネルギーとし

て、再生可能エネルギーと原子力があるのだが、どちらにどれほど依存するのかだ。

この問題を長期的に見通すためには、再生可能エネルギーと、原発のそれぞれの本質を把握しないといけない。

再生可能エネルギーの本質は三つある。第一は、主力である太陽光発電も風力発電も、不安定であることだ。太陽光も風力も一日中、一年中通して同じではなく、雨があり曇りがあり、無風の時があり、発電量が不安定になる。これが再生可能エネルギーの本質だ。電力供給において不安定は最も困る。再生可能エネルギーを地域の電力網にわずかに投入するのであれば不安定さは吸収できるが、大きくなればなるほど安定化が難しくなる。

第二は、再生可能エネルギーに国土条件が適しているかどうかが、国や地域によって大きく異なることだ。太陽光も風力も地球全体に広がっていて極めて薄いエネルギーであり、したがって広大な面積においてかき集めることが必要だが、未利用の広大な面積の土地があるのかどうかが、国によって大きく異なる。

再生可能エネルギーで最も重要であるのは、広大な土地だ。加えて年間を通しての日射量が多いのかどうか、風力は季節を問わず一定の強さがあるのかどうかも、国、地域によって状況が異なる。

第三は、再生可能エネルギーには収穫逓減《ていげん》の法則があることだ。これは誰も言わないのだが、厳然たる事実であり、これこそが再生可能エネルギーの利用拡大において、最も重要な本質だ。太陽光発電も風力発電も、まずは条件が良い場所から設置するが、用地は無限ではなく、次第に条件が悪い場所に設置せざるを得なくなる。つまり、平地ではないなど土地条件が悪くなると建設コストが嵩《かさ》む。さらに需要地から遠くなって長い送電線が必要になる。

理想的ではない再生可能エネルギー

つまり、増えれば増えるほど、二倍の投資をしても二倍の収量は得られなくなる。再生可能エネルギーのコストは、やがて火力発電並に下がるという数字が最近は示されるが、それは条件がとても良い箇所においてであり、収穫逓減という本質を忘れては意味がない。さらに増えれば増えるほど、不安定要素を解消するための蓄電池の設置コストが巨額になり、これがコスト高の最も大きな要因だ。

再生可能エネルギーは理想的と見られているが、現実にはこの三つの本質からくる重大な問題があることを認識しないといけない。

そこで第一章の水素発電で示した電力の基本条件で、再生可能エネルギーを見ると、次のようになる。

1）資源が豊富である○
2）電力としての品質が安定している×
3）巨大な規模にできる△
4）規模が大中小、自由になる△
5）稼働、停止が自在にできる×
6）単位電力当たりの投資規模が少ない×
7）発電コストが低い×
8）耐久性が大きい×
9）環境影響が少ない△
10）事故が生じた場合の被害が小さい○

このように×が五つもあり、理想のように思われている再生可能エネルギーだが、現実はそうではない。先に示した水素発電とは格段に違う。

私は再生可能エネルギーが憎いわけではない。太陽光発電に対しては、初期には政府の手厚い補助が必要であると説いてきた。経産省が一時、補助金を止めたが、止めるべきではないと言った。しかし、期待が大きすぎると問題だと、最近は発言している。

汚染牛肉を年間六〇〇キロも食べるか

一方、原発の本質について考えるべき重大問題は、福島原発事故で生じた炉心溶融のような過酷事故を起こすと放射線による甚大な被害が生じることだ。そこで過酷事故のリスクがどれほどであるのか、その場合の被害はどれほど大きくなる恐れがあるのかを直視して、深く考えることが必要だ。今は避けられているが、どうしてもやるべきことだ。

事故のリスク、その発生確率を考えると、原発の稼働は六〇年近く前から始まり、今では世界でほぼ四四〇基が稼働しているが、これまでの重大事故は三件だ。その中でチェルノブイリ事故は、当時のソ連が安全をまったく無視した国で、考えられない無謀な運転で生じたのであり、今はありえない。次のスリーマイル島事故は、実質の被害はゼロであった。したがって福島事故のみが重大な被害を生じた事例と言えるのだが、数百年に一度の大地震、大津波によるものだ。

福島事故前と事故後では、危機管理のレベルが大いに改善されている。福島の事故は、東京電力および原子力関係者の重大な失態によるもので、炉心溶融のような過酷な事故が日本で生じる可能性をほとんど想定せず、防止対策を取っていなかったのだ。

その失態は厳しく責められるべきだが、事故が起きて、今では考えられるあらゆる対策を講じている。事故のリスクは大きく減っていると見ることができる。

事故による被害については、農産物の放射性物質汚染と、近隣地域の住民避難がある。福島事故での農産物汚染は、実質的な影響はゼロと言える。汚染牛肉の例を取り上げると、基準値を超えた牛肉を年間に六〇〇キロ食べたとしても放射線被曝量は五ミリシーベルトにしかならない。そもそも一年で六〇〇キロ食べるなどということは、まったくありえない話だ。

被曝のリスクは発ガンだが、医学的には年間に一〇〇ミリシーベルト浴びて、二〇〇人に一人が発ガンすると分かっている。それ以下の被曝では比例的に発ガンの確率が減るとされている。したがって五ミリシーベルトでは四〇〇〇人に一人だ。

これをどのように受け止めるか。今の日本では三人に一人はガンになるが、それはほとんど生活習慣によるもので、飲酒、喫煙、太り過ぎ、やせ過ぎ、運動不足、塩分摂取の過多、野菜不足などが主な原因だ。

国立がん研究センターは福島事故の直後に、「放射線をいたずらに怖がらないように」という主旨の発表をして、生活習慣の方がガンにははるかに怖い、と放射線と対比する数字を示した。それによれば、飲酒二合は一〇〇〇ミリ、塩分摂取過多は三〇〇ミリ、野菜不足でも一〇〇ミリシーベルトの放射線被曝に相当するという。

福島事故による放射線被曝による被害を、この医学的事実で判断してほしい。

もっとも風評被害は理屈ではないから、福島の農民は大打撃を受け、困りはてた。これは政府が何としても防ぐ対策を取るべきであった。放射線被害の実態を周知理解させるように努めて、国民も、福島の農産物を購入すべきであった。かなりの人が積極的に購入すれば、風評被害は生じなかったはずだ。

住民の避難については、今も一〇万人近くが避難生活を送っていて、帰村できる地域でも生活や仕事ができなくなり、帰れない人が少なくない。

私は、家を捨て畑を捨て、牛を捨てて村から離れなければならない避難者にいたく同情し、彼らが本当に離れなければならないのか、放射線の影響について深く調べた。それを

『1ミリシーベルトの呪縛』（エネルギーフォーラム　二〇一二年）という本にまとめたのだが、そこでわかったことは、原発のごく近辺の人々は別として、その他の多くの住民たちは、より早期に村が壊れる前に帰村したほうが、よほど幸せであったということだ。

なお高齢者の健康問題では、東京大学の研究グループが、原発事故による避難後の死亡率が避難前に比べて、二・七倍に増加したと報告している。避難生活がいかに苛酷でありマイナスが大きかったかを意味している。避難しなければ亡くならなかった人がかなりいたというのは、重い事実だ。

ロシア政府は、チェルノブイリ事故の二〇年後に、被害を総括する報告書を出しているが、被曝そのものより、避難による仕事、生活、健康へのマイナス面のほうが大きかったと総括し、次のように報告している。

「チェルノブイリ原発事故が及ぼした社会的、経済的、精神的な影響を何倍も大きくさせてしまったのは、汚染区域を必要以上に厳格に規定した法律によるところが大きい」

「精神的ストレス、慣れ親しんだ生活の破壊、経済活動の制限など、事故に伴う副次的な影響のほうが、放射線被曝より、はるかに大きな損害をもたらしたことが明らかになった」

日本政府も、避難したことのマイナスを明らかにして、避難しなかった場合と比較する報告書を速やかにまとめるべきだ。

ともかく原発について、事故のリスクと被害の大きさを直視することが不可欠である。

なお、原発には高レベル放射性廃棄物処理の重大な問題がある。いわゆる「トイレなきマンション」の問題だ。日本は、処理技術は開発しているが、廃棄場所を探すのが至難であり、処理場建設の見通しがまったく立たない。この問題をどうするのか。

原発は、今後は発展国に広がっていき、その大半の国で自国での処理が難しく、国際的な重大問題になる。したがって、世界全体で共同で適切な場所に処分場を建設し管理して、安全な廃棄に万全を期すべきだ。日本はその先頭に立って技術と資金を提供し、日本もその地で処分をする方針で解決を図るのが良い方策だ。

再生可能エネルギーか原発かの秤量《ひょうりょう》へ

以上のように、地球温暖化防止とエネルギーについて、再生可能エネルギーの現実を見ることと、原発事故と被害の関係を直視することが必要だが、実際の動きはどうだろうか。

まず重要なのは、地球温暖化防止への動きを見ることだ。二〇一五年のＣＯＰ21は大きな成果があったとされたが、成熟国と発展国との間で政治的な妥協が得られたのが収穫であったものの、ＣＯＰが進めるべき将来への温室効果ガス削減の動きは、確かなものとは言えない。

だがこの状況は変わってくるだろう。今の削減目標では、気温上昇二度以下の達成はとても無理だという警告が、世界のいくつもの研究機関から出ている。今後は、温室効果ガス削減への努力が、より厳しく求められるに違いない。

より大きいのが、ＣＯＰでの政治的な動きだ。豪雨、高潮、干ばつなどの異常気象は世界中で激しくなっていて、甚大な被害を受ける国、特に中小の発展国が悲鳴を上げる。その動きはすでに強まっていて、毎年開かれるＣＯＰの会議に大きく影響するだろう。

したがって、再生可能エネルギーにどれほど頼れるのかを検討し、原発にどこまで依存するのかが問題になってくる。そこで両者の得失を基にした秤量《ひょうりょう》に迫られる。

また、根本的に地球温暖化のリスクと原発のリスクの秤量も、必要になるはずだ。

こう言えば、今の日本では「命を天秤《てんびん》にかけるのか」という金切り声での批判が出てくるに違いない。だが、現代社会では、秤量ですべてが動いている。例えば自動車だが、日本の場合、現在では一年間に四〇〇〇人以上の交通事故による死者を出しているが（かつては年間で一万人を超えていた）、自動車がもたらす効用のほうが大きいと社会に認められている。つまり、秤量の上で存続しているのだ。

もっともこの秤量はとても難しくて、実際に明確に行なわれるわけではない。しかし、現実は秤量の考えにしたがって動いていく。そこで秤量の基になる問題について、現状と今後の動向をいくつか示そう。

再生可能エネルギーの動向において最も重要であるのは収穫逓減だが、欧州ではすでに生じ始めている。風力発電では、適した陸地が少なくなり、洋上風力発電に向かっている。当然、陸上よりコスト高になるが、そうせざるを得ない。

それでも欧州の場合は遠浅の海が多いので、海底に建てる着底式が可能である。だが、設置が進むにしたがって、次第に陸地から遠くなり、より深くなるのは当然のことだ。もちろん、ますますコストが嵩む。

さらにドイツでは、北海で風力発電した電力を南部の需要地に送るのに、五四〇〇キロメートルもの送電網を建設しなければならず、住民の反対と巨額の費用に苦しんでいる。

これは一例だが、同様な状況は世界の各所で生じていて、現在は再生可能エネルギーは大きく伸びているものの、数年の内に頭打ちになると私は予想する。

なお、再生可能エネルギーに関する新聞記事で、例えば太陽光発電の年間設置計画が六〇〇万kWである場合、原発の六基分としている場合が多い。原発が平均的に一〇〇万kWであるので六基とするのだが、これは大きな間違いだ。夜や雨の日は発電しない太陽光発電の稼働率は12～15％ほどで、原発の80％と比較すると、設置容量は六分の一にして一基分とすべきだ。太陽光発電を過大に見せる誤謬《ごびゅう》の記事に、騙されてはいけない。

本質から考えると再生可能エネルギーより原発

原発では、原発建設へ進んでいる世界の現実が、改めて広く認識されねばならない。中国とインドは急速な勢いで原発を新設しようとしている。他の多くの発展国も、再生可能エネルギーは投資が巨額になるので、次第に原発に傾斜しはじめている。

成熟国では、英国は石炭火力を止めて原発を伸ばすことを基本方針としており、一〇基ほどの新設を計画して着工が始まった。

さらに言えば原発建設には、政治的な力がはたらく。それは政府のトップが発展国を歴訪して原発を売り込むことだ。中国の習主席は、ごく最近、イランを訪問して原発導入を約束させ、英国ではキャメロン首相（当時）と原発の導入で合意した。

フランスのオランド大統領はインドを訪問して、モディ首相と原発六基の建設で合意した。フランスの原発メーカーであるアレバは経営危機にあり、原発は同国の最大の産業であるから、オランドは何としても海外での原発建設を成約させたいのだ。このような政権トップの動きは、さらに大きくなるだろう。

基本的には、原発の見方が変わってくる。福島原発事故以来、原発事故の怖さが世界で広がったが、事故から五年を過ぎて、怖さと安全性を冷静に見るようになるだろう。

最新の原発は安全性を様々な手段で高めている。例えば、炉心溶融を防ぐために、炉心に用いる緊急時の冷却水のタンクを建屋の上部に設置して、事故の際には自然落下するようになっている。これにより非常時の停電によって冷却水の注入が途絶えても、自動的に大量の水が炉心に注ぎこまれることになる。

再生可能エネルギーは自然のもので収穫逓減の法則があり、施設が増えれば増えるほどコスト高になるが、原発は工業生産物であるから、作れば作るほどコストは安くなる。性能も向上し、安全性も高まっていく。

地球温暖化防止は超長期の問題であり、長期を考えて秤量すると、世界全体では秤《はかり》が下がるのが再生可能エネルギーではなく、原発になるのは必定だ。

以上のような状況から、再生可能エネルギーは火力発電への代替がせいぜいであり、水素生産に必要とされる膨大な量の電力には、とても回せないことは明らかである。

2. 非現実的な日本の脱原発

再生可能エネルギーと相性が悪い日本の国土

このような世界の動きの中で、日本にも現実が厳しく迫ってくる。

まず温室効果ガス削減目標が、日本は欧州に大きく劣り、米国にも劣っていることが批判されている。EUは二〇三〇年までに九〇年比で40％削減し、米国は二五年までに二〇

○五年比で26~28%削減するのだが、日本は二〇三〇年までに一三年比で26%削減だ。目標値として劣るが、さらに、基準年を二〇一三年としたのが問題だ。本来は九〇年比であるべきだが、日本は一九九〇年から二〇一三年までに10・8%も増えていて、直近の一三年を基準としたのがごまかしと取られても、致し方がない。

COP3(京都会議)では、日本は温室効果ガス削減の優等生であった。化石燃料の利用において、とても効率的であり、GDPに対してのCO_2排出の比率が米国、欧州に対しても、かなり低かったからだ。ところが今は劣等生である。何しろ発電の九割がCO_2を出す化石燃料なのだから。この海外からの厳しい批判に、どう応えるか。

再生可能エネルギーでは、日本は土地が狭小であるため、国土条件は非常に悪い。しかも梅雨時は太陽光発電も風力発電も、年によっては四日も五日も止まる。雨がジトジト降る日は、風はソヨとも吹かない。梅雨前線が停滞しているのだから当然だ。しかもほぼ全国が同じ状況になるが、四、五日分の全国の消費電力を、蓄電池で補えるわけがない。

太陽光発電も風力発電も、日射や風が、年中変化がない地が有利だが、日本はそうではない。日本の気候風土は変化に富んでいて私たちはそれを大いに享受しているが、その変化が再生可能エネルギーを生み出す条件を悪くしている。

では現実に再生可能エネルギー施設は、どれほど設置されているのか。太陽光発電の発電可能量は、二〇一五年に三三〇〇万kWになっているが、これは前述のとおり、実際の稼働率をみると、原発のおよそ五基分だ。日本では、福島原発事故以前には五四基の原発が稼働していたが、その一〇分の一に過ぎない。

風力発電は三〇〇万kWであり、原発一基分にも満たない。というのは、風力発電の効率は平均で20%ほどであり、実際の発電量は三〇〇万の四分の一にしないといけない。

いったい誰がやるか

ではこれからどれほど伸びるか。その根本問題は、再生可能エネルギー事業を誰がやるのかにかかっている。

風力発電は、初期には、地球環境に貢献しようという志の高い社会企業家が取り組んだ。ところが、発電施設の計画に際して、年間の風況の調査、巨大な塔の建設地の地盤の調査、一〇〇メートルにもなる翼の輸送経路の確認、周辺民家への騒音の有無などを調べて、さらに手間がかかる環境アセスメントの調査書を作らねばならない。しかも経済性に問題があり、利益が出るかどうか分からない。実際には赤字の恐れもあるとなれば、志も萎《な》える。したがって、今は企業家も二の足を踏み、ほとんど伸び悩みの状態だ。

太陽光発電は対照的に、広い平地さえあれば簡単に設置できる。当初は電力の買取価格が高めだったので、電力会社に高く買ってもらえると、二〇一三年、一四年に太陽光発電の異常なブームが生じて、設置申請が激増した。しかし買取価格が下がり、さらに種々の制限が加えられ、ウマイ話ではなくなって、一五年からの設置申請は大きく減っている。

住宅用太陽光発電の実態はどうか。近隣の住宅にどんどん増えているだろうか。それを見れば、現実がよく分かるはずだ。

太陽光発電も、一時のブームが去って、今後は伸び悩むのは必定だ。

地熱発電は、温泉業者が強く反対するので、説得するのがたいへんだ。また掘ってみないと実際に充分な熱量があるのか分からない。したがって巨額の投資をして事業を起こそうという人は少ない。

バイオマスは廃棄される生物資源を集めるのがたいへんで、辛い仕事に従事する人を大勢集めるのが難問だ。実現しているのは大量の資源がまとまって得られる場所だけだ。

太陽光、風力などに懸命に取り組んでいる志の高い人がいるのは承知していて、これを読めばお怒りになるかもしれない。私はその方たちの志には敬服している。でも残念ながら、志の高い人は多くはない。

再生可能エネルギーは理想的であり必要だから、設置が進むのは当然のことと多くの人が考えているのではないか。誰かがやってくれるはずと思ってはいないか。しかし現実は厳しいのであり、いったい誰がやるのかの根本的な問題を抱えているのだ。

期待の再生可能エネルギーは、現状ではすべてあわせても、原発六、七基分でしかなく、この先も、大きな伸びは期待できない。

なお、ドイツは脱原発を目指して、再生可能エネルギーで着々と成果を上げているから、日本もできるはずだと考えている人も少なくないだろう。だがそれは間違いだ。

まず、ドイツと日本とでは、条件が大きく異なる。ドイツは平地面積が広く、いたるところに広大な丘陵があり、山ばかりの日本とはまったく違う。未利用の平地は、ドイツが圧倒的に広いのだ。

風力発電では、ドイツは陸上に加えて洋上風力発電を大きく伸ばしているが、これも海が遠浅だからこそで、日本とは条件が大きく違う。日本には遠浅の海は少なく、深海でも設置できる浮体式にするのだが、大きな構造物を必要としてコストがかなり高い。

風力自体も、条件が違う。地球の自転によって風は基本的には西から吹いてくるが、欧州の西は大西洋で広大な海が広がっているので、風は乱されることなく、強い風が同じ方向から常に一定に吹いてくる。ところが日本の西は砂漠や山脈のある大陸であるから、吹く風は絶えず乱されて一定せず、発電効率が低い。

もう一つ、ドイツと日本の非常に大きな違いがある。欧州は国を越えて電力網が連結されていて、日常的に電力を融通している。太陽光や風力による電気が乏しい日は、隣国から購入すればいいのだ。隣りのフランスは原発による安定した電力を豊富に持っている。

島国の日本では、他国から購入することはできない。

ドイツでできるのだから日本も、と考えてはいけない。さらに言えば、そのドイツでさえ、再生可能エネルギーはさまざまな難問に直面し、その前途は安泰ではない。

景観破壊、格差の拡大、電気料金の大幅アップ

さらに、日本では再生可能エネルギーの大半である太陽光発電には、日本に特有の数多くの問題があると認識しなければならない。

第一に、大型の太陽光発電装置であるメガソーラーに対して、近隣住民の反対が各地で生じている。景観の悪化への苦情が多いが、立ち木の伐採による土砂崩れの災害、ごく近

辺の住宅では反射光、反射熱による耐えがたい温度上昇などの問題も生じている。

中でも景観の問題が大きい。脱原発を目指すほど太陽光発電を大きく増やすには、農村の休耕田、耕作放棄地のすべてに真っ黒な巨大な板の太陽電池を設置しないといけない。また風力発電も、里山のあちこちに五基、一〇基並べ立てることになり、やはり景観破壊の重大問題だ。

第二に、太陽光発電は貧富の格差を拡大することになる。住宅用太陽光発電には、その負担については、理想とは逆の面がある。設置できるのは一戸建の家を持つ比較的豊かな層であり、一戸建には手が届かない若者の家庭は設置できない。設置した家庭は優遇を受けて電気料金が下がり、その分を設置できない家庭が負担して電気料金が高くなる。

これは固定価格買取制度の賦課金によるのだが、低所得者ほど負担が重いという逆進性の問題がある。

第三は電気料金の問題だが、再生可能エネルギーが伸び続ければ、その分の電気料金への上乗せが増し、大きな社会的な問題になるだろう。二〇一五年度は、再生可能エネルギーの家庭負担が、一戸当たり平均で年間五五〇〇円ほどになった。これからどこまで上がるだろうか。

ドイツ、スペインでは、数年前に電気料金のアップに国民が悲鳴を上げて、制度の変更を迫られた。ドイツは二〇〇〇年から固定価格買取制度を導入したが、家庭の電気料金はkWh当たり一九円が今では三九円に倍増している。欧州の中でも、ドイツは電気料金が格段に高く、フランスの二倍に近い。

日本はコストが高い太陽光発電の比率が高く、しかも買い取り価格が欧州の二倍に近く、今後の問題はいっそう深刻だ。なぜ二倍になるのかと言えば、日本は欧州より国土条件が悪く、コストが欧州よりさらに高くなるからだ。

第四は、太陽光発電が国産のエネルギーではなくなるかもしれないことだ。第三章で述べたように、太陽電池は中国企業の安値攻勢で、日本企業は次々に撤退する恐れがある。太陽光発電は投資の大半が太陽電池であり、それが輸入になったら国産エネルギーとは言えない。

妖怪のような空気に振り回されている

以上、述べてきたように、原発を止めて、再生可能エネルギーでエネルギーの大部分を賄《まかな》うのは、国土条件が不利な日本では、まったく現実的ではない。

したがって、日本では原発はどうしても必要なのだが、福島原発事故後に停止した原発の再稼働が一向に進まず、それを補うために、CO_2排出が特に多い一〇〇万kWの石炭火力発電所を、次々に新設している。石炭が化石燃料の中ではコストが最も低いからだ。

欧州諸国は石炭火力を減らすのに力を注いでいて、原発に積極的な英国は、二〇二五年には全廃するという。英国政府は、石炭よりは原発と秤量したのだ。フランスも老朽化した石炭火力発電所を閉鎖していて、この問題でも、日本は欧州から非難されることになるだろう。

日本はこれに、どう反論できるのだろうか。

世界の大勢は、再生可能エネルギーと原発で脱化石燃料を目指しているのであり、再エネで脱原発を唱える日本は、世界の動きとはまったく逆行しているが、それで通せるのだろうか。

ところが今の日本には、山本七平《やまもとしちへい》氏の言う「誰も抵抗できない妖怪のような空気」がある。「放射線は怖い」、「原発は怖い」だ。それは朝日新聞やテレビをはじめとするメディアの多くが、そうした空気を作り出し、植えつけたものだ。それは社会に影響力が大きいメディアとして無責任というべきだ。

テレビは視聴率が第一で、視聴者に媚《こ》びるメディアであるから、視聴者の意に反することはまったく報じない。総合ニュース番組にはキャスターがいて、物知り顔のコメンテーターが数多く登場するが、「放射線はそれほど怖くはないでしょう」と発言した人が一人でもいただろうか。テレビ局の意向に反することができない御用キャスター、御用コメンテーターばかりだ。

新聞はテレビとは違うはずだ。将来を深く考えて国民が正しい道を進むよう報道するのが新聞の役割だ。朝日新聞は「原発ゼロ社会」を提唱して脱原発に凝《こ》り固まっているようだが、日本が遠い将来、再生可能エネルギーでほとんどのエネルギーを賄《まかな》っていけると考えているのだろうか。原発批判を続けるのであれば、それを明確に示すべきだ。

原発の必要性を説く記事をまったく見ないが、そう考える記者はいないのだろうか。

私は福島事故の後、『脱原発の是非を問う！』、『原発こそ日本を救う』（いずれもエネルギーフォーラム社）において、放射線の怖さ、原発の怖さを「理」で深く考えて、社会がいかに受け止めるべきかを記し、そうした「空気」に抵抗した。

日本人は、夏目漱石《なつめそうせき》が言うように「智《ち》（理）に働けば角《かど》が立つ。情《じょう》に棹《さお》させば流される」国民性があり、「理」がなく、「情」に振り回され流されることが多い。

この空気をいかにして吹き飛ばすか。「怖い、怖い」とただ怖がるのは情だ。秤量するのは理である。情に流される人は、日本の将来を考えることはできない。

原子力による膨大な量の水素生産ができなければ、水素エネルギー社会の構築は不可能になり、日本の水素エネルギー技術開発における、これまでの先駆はムダになる。

「原子力に力を注がないと、日本の将来はない」と私は警告する。

3. 中国は原子力で覇権を狙う

原発を猛烈な勢いで伸ばす

ここで、日本そして世界のエネルギーに関して、見逃すことができない重大な事実がある。それは中国が今、原発を恐るべき勢いで建設していることだ。二〇一六年一月に政府が発表した原子力白書によれば、稼動中の原発は三〇基だが、その内の八基はこの一年以内に稼働したものだ。現在の発電容量は二八三〇万kWだが、建設中が二四基あって、二〇二〇年までに五八〇〇万kWにする計画だ。これは福島原発事故前の日本の発電容量を、約一〇〇〇万kW上回る。世界では米国、フランスに次いで三位だ。

将来の構想としては、二〇五〇年には四、五億kWまで増やすというものがある。現在の世界全体の原発設置量を大きく超えるのだ。

中国は、原発の海外への輸出にも大きな力を入れていく。「国産の華龍一号の輸出は原子力発電強国の夢である」と、政府が公言している。すでにパキスタン、イランには輸出が決定しているが、注目すべきは英国への進出であり、習主席がキャメロン前首相と原発導入で合意したのが華龍一号だ。

原発輸出では、中国はフランスとも組む。オランド大統領と習主席は、英国でフランスのアレバが建設を予定している三基の原発について、中国のメーカーが出資して事業に関わっていくことに合意している。英国の原子力産業は消滅し、電力会社は弱体化して、フランスの電力会社とアレバに建設と運営を委託するのだが、この両社も資金難であり、そこで中国が英仏両国間に食い込んだ形だ。

英国、フランスと組むのだから、中国の原発は国際的に信頼が高まり、発展国に対してもAIIB（アジアインフラ投資銀行）を活用して、原発の輸出を大きく伸ばしていくと思われる。その大きなセールスポイントは価格だ。中国製原発の建設コストは日米欧より三割ほどは低いと言われるが、これから大量生産するので、コスト的にさらに有利になるだろう。

中国の脅威は、軍事力増強や南シナ海での島嶼《とうしょ》支配ばかりに目が向いているが、原子力についてては、メディアがほとんど報じない。日本はこの事実を知らねばならない。

中国は新たな原発の開発にも意欲的であり、今の第二世代に続いて、第三世代の開発を進めている。その最大の型は、一九〇―二二〇万kWを目指すという。

また、四―二〇万kWの小型原発の開発にも力を注いでいて、国内では電気と熱を供給するプラントとして実用化を目指している。それで実績を上げて、一〇〇万kWでは大きすぎる中小国へ売り込むと予想され、熱利用も可能なので、中東諸国への海水淡水化プラントを狙うだろう。

この小型原発の新たな応用の開発が始まっている。それは巨大な浮体を建造して搭載する浮動式原子力プラントだ。それは何に利用するのか、南シナ海だ。人工島を次々に築いて大型飛行場や軍事・民間用の港湾を建設しているが、その電力に用いる。二〇隻ものプラントを配備する計画であるという。

この小型原発は、中国の独占的な製品だ。日本でも三、四〇年前に中型原発開発の構想があったが、国内では市場性、採算性がないとして消えた。中国は、採算性はさておいて、対外的な国策に沿うとなれば開発ができる国だ。

この小型原発プラントはモジュラー方式であり、部品の統一による大量生産を目指している。原発の大量生産は、日米欧ではまったく考えられていない。

このような原発の開発、建設における中国の強みは、高度な労働力が豊富であることだ。原子力工学科は六〇もの大学に設置されていて、原子力産業は政府の特別措置でかなりの高給が保証されていて、優秀な若者が全土から集まってくる。

このように中国は、長期的には圧倒的な原発大国になることが予想される。

高温ガス炉で巨大プロジェクト

中国は新型炉の開発にも大きな力を注いでいる。高速増殖炉の開発では、二〇一一年に試験炉による送電を成功させ、二〇一四年に六〇万kWの実証炉の設計を行なった。一七年から着工する計画だ。

高速増殖炉の技術開発は非常に困難だが、実現するのだろうか。日本の実証炉「もんじゅ」はトラブル続きで運転は禁止された状態だ。フランスは、一二〇万kWの「スーパーフェニックス」を一九八六年に稼働させていたが、トラブル続きで稼働率が低く、経済性が非常に悪いため、廃炉にされた。

資本主義国では、経済的に見合わないものは実用性がないとして捨てられる。だが強権国家の中国では、採算が困難であっても、国としてやるべきと判断すれば、開発を続けることができる。長期にわたって開発を継続すれば、高速増殖炉もできないとは言えない。

注目すべきはやはり高温ガス炉であり、精華大学が早くから研究開発を進めていたが、二〇〇八年に二〇万kW（一〇万kWを二基）の実証炉を山東省《さんとう》で建設を開始し、二〇一七年に完成の予定だ。さらに六〇万kWの計画を進めている。

この山東省のプラント建設ばかりではなく、高温ガス炉用の燃料製造ライン、冷却材に用いる黒鉛の開発、製造工場の建設など、実験の域を超えて、全国規模で本格的な実用化に向かっている。

このような急速な計画が、その通りに順調に進むとはとても思えないが、一〇―二〇年も先には、中国が高温ガス炉、あるいは大型の原発によって、水素の大量生産で世界を大きくリードする可能性もありえる。中国は原子力によって、そしてエネルギーで世界の覇権を狙っているのではないか。

中国の原子力における優位は、日本、米国、欧州にとって由々《ゆゆ》しきことだ。原子力の技術において、日米欧の優位性が失われる恐れが大きい。日米欧の原発メーカーは、福島事故後に受注が大幅に減って、経営状況がかなり悪化している。

原子力が中国中心になって、原発の安全性は確保されるのか、さらに発展国での中国の原発導入が進んで、核拡散のリスクが高まるのではないか。それは核の全体にかかわる重大な問題である。

原発が怖いか、中国が怖いか。これも秤量だ。そんなものが秤量できるかと言う人が大部分だろう。しかし、それらができない人に日本の将来を考える資格はない。

4．原子力と水素を基にしたエネルギーの長期戦略へ

再生可能エネルギーを秤量する

以上のような世界、日本そして中国のエネルギーの状況を基に、いかにして水素エネルギー社会を構築するのかを考える。

まず必要であるのは、膨大な量の水素の生産を可能にする原子力の開発に大きく進めう

るような社会状況を作ることだ。

そのためには、日本が再生可能エネルギーによって脱原発を進めるのはとうてい不可能であることを、国民の大半に理解してもらうことが必要だ。風力発電は現在の発電容量が非常に少なくて、これからも大きく増えるのは期待できない。今は大部分を占める太陽光発電はブームが去って、伸びは大きく落ちていく。その他の地熱、バイオマスなどは、量的にまったく足りない。

したがって、三、四年もすれば再生可能エネルギーには大きくは頼れないとはっきり分かってくる。そこで大問題は「放射線は怖い」、「原発は怖い」という多くの国民の感情を、そのままにしていいのかどうかである。原発への依存が不可避であるのだから、その怖いという「情」の部分を、何とかして「理」に変えないといけない。

そのためには福島事故の実態を国民に直視してもらうように、事実を数字でもって分かりやすく示すことが、是非とも必要だ。

そして原発のリスクはゼロではないが、ゼロに極力近づけるのが可能であり、日本の将来には不可欠であることを、大多数の国民に深く理解してもらわねばならない。それは政府とメディアの重大な責務であり、また勇気ある学者、識者が最大の努力をすることが不可欠である。

だが問題は非常に難しい。難しさの根本は、原発が絶対に安全だとは誰も言えないことだ。したがって、原発事故がもたらすマイナスと、脱原発を進めて再生可能エネルギーに依存する場合のマイナスについて、国民に秤量してもらうしかない。

再生可能エネルギーに大きく依存するならば、里山や農村の景観破壊が大きいが、それを仕方ないこととするのか。美しい日本の風景を破壊していいのか。

電気料金が二倍、三倍と上がっても、我慢できるのか。電力消費の多い産業の経営が厳しくなり、電力の安い海外に工場移転することが考えられるが、それでもいいのか。

梅雨時は年によっては東日本大震災の時のような計画停電が全国規模でありえるが、我慢できるのか。安定させるために膨大な蓄電池を設置すると、電気料金はさらに上がる。

さらには、日本はエネルギーにおいて脆弱になり、それは国力を弱め、絶対的なエネルギー強国になる中国に対して、劣勢を強いられるが、それでいいのか。

このように脱原発のマイナス面はさまざまな分野で生じるが、最も大きいのは、二十一世紀を生き抜くための日本のパワーとなるべき水素エネルギー社会の構築が、できなくなることだ。これを機に、原発と再生可能なエネルギーを何とか秤量してほしい。

国民の判断を待ちたい。特に二十一世紀を長く生き抜く二〇代、三〇代の若者に深く考えてもらいたい。

水素エネルギー社会構築への二つの戦略

国民の正しい判断を期待して、水素エネルギー社会の構築に向けて、日本は何をなすべきか。その長期戦略を二つ挙げる。

第一は、エネルギーの超長期戦略を確立することだ。

水素エネルギー社会の構築は三〇年後にはかなり進むと期待されるので、まずは三〇年後の日本のエネルギーミックスを想定する。

なお、いま一般に言われるエネルギーミックスは電源構成であり、電力についての再生可能エネルギー、原子力、火力発電の配分だ。二〇三〇年のエネルギーミックスの数字が経済産業省から出されているが、再生可能エネルギーが22―24%、原子力が20―22%、他が火力発電になっている。

ここでは、エネルギーミックスをエネルギー全体についての構成とする。超長期にはそれを問題にしないといけない。それを次の数字で示す。

電力は、今はエネルギー全体の25%だが、これからかなり増えて40%ほどになると予想される。この電力として、火力発電はゼロに近くなるまで減らす。

そこで動力と熱利用が60%になるが、その中で水素を20%にすると、化石燃料を全体の40%に減らすことができる。三〇年後には、そこまで化石燃料を減らさないといけない。

40%の電力は、原発、再生可能エネルギー、水素発電だが、問題は再生可能エネルギーが現実にどこまで伸ばせるのかだ。今のような希望的観測、あるいは努力目標の数字ではなく、用地の確保、料金のアップと国民の支持、安定性の確保、誰がやるのかの事業者の問題などの厳しい現実を基に、根拠のある数字を出さねばならない。

エネルギーミックスで最も大きな課題が、水素の生産だ。電力の40%のうち、水素発電を10%にすると、それを併せて三〇年後にはエネルギー全体の30%が水素になる。それほどの大量の水素を、いかにして生産し供給するかである。

その本命は熱分解の高温ガス炉だが、できるかぎり早い時期に本格的な開発に着手すべきだ。しかし、いつ実用化して生産ができるのか、見通すのはたいへん難しい。したがって、原発の電力を用いる電気分解の準備をしなければならない。そこで原発の新設が必要だが、立地の問題が厳しい。ではどうするか。

当面考えられる解決策は、既存の発電所において稼働四〇年を過ぎた五〇―六〇万kWの原発を早めに廃炉にして、一七〇―二〇〇万kWのプラントに建て替えることだ。それによって、原発の安全性が大きく向上するのは確かだ。

長期的には、高温ガス炉の立地を確保しないといけない。それには安全性について絶対の信頼性を確保することが必要である。

これから三〇年の水素生産を年代ごとに見ると、一〇年後までは基本的には現状の高炉、化学プラントの副産物として作る水素の活用だが、かなりの量の天然ガスの分解も必要になるかもしれない。これについては、技術的にも経済的にも問題はない。

一〇―二〇年では、高温ガス炉の実用化が間に合わなければ、新設した大型原発で電気分解する。

二〇―三〇年後には、高温ガス炉が実用化するよう、今から全力を注ぐ。その可能性は高いだろう。

このエネルギー超長期戦略で最も重要なのは、原子力の将来に向けた技術開発の推進だ。高温ガス炉は、中国に遅れないように、ただちに巨大プロジェクトを開始する。また、電気分解による水素生産も想定して、二〇〇万kWのコストの低い大型原発の技術開発を進める。これも現状では中国に遅れている。

水素エネルギー利用拡大へのロードマップ

第二は、水素エネルギー利用について、これから三〇年のロードマップを作成し、その実現への推進方策を編み出すことだ。ロードマップは、いつ、何を実用化し普及に努力すべきかの行程だが、ここでは現段階で想定できることを一〇年単位で挙げる。

今から一〇年では、自動車でバス、トラック、タクシーにおいて水素発電自動車を実用化し拡大して、自動車全体の普及への条件を整える。その車両基地に水素ステーションを設置して一般の水素発電自動車にも利用できるようにして、普及を加速させる。

鉄道では、東京、大阪、名古屋から始めて、地方の核となる都市の多くで水素発電路面電車を導入する。地方の活性化にも大いに役立つはずだ。

ローカル線のディーゼル車も、徐々に水素発電電車に代替する。

発電装置では、家庭用水素発電装置の「エネファーム」の普及へ大きな力を注いで、一戸五〇万円を目指してコストダウンに努める。これを集合住宅にも広げていく。政府は二〇三〇年に五三〇万戸の普及を目指しているが、ぜひとも実現させねばならない。

またコジェネレーション活用で経済性が期待できるホテル、レストラン、銭湯、スーパー銭湯、スパ、温水プールなどへの水素発電装置の導入を進めて、商業施設、オフィスビルへの導入も始める。

二〇二〇年では、水素発電自動車の価格の大幅な低下を実現して普及に力を注ぐ。また水素発電自動車による災害時における地域の非常用電源システムを構築し、それによって普及を加速する。

水素発電自動車の輸出を目指す。そのために、世界各国へ水素ステーションなど水素の輸送、貯蔵、供給のプラント輸出、技術支援を実施する。

鉄道では新幹線に採用して、新規に高速鉄道を計画する国への輸出を目指す。発展国で新設する鉄道の車両全般において、水素発電電車を売り込む。成熟国には、水素発電路面電車を輸出する。

船舶では、熱利用の多い長距離フェリー、大型客船で、水素発電を今のディーゼルエンジンから代替していく。貨物船、タンカーは水素ディーゼルエンジン、水素ガスタービンを導入する。

航空機においては、水素によるジェットエンジンを開発して世界市場に参入する。

数百、数千kWの規模の水素発電装置を都市内の各所に設置して、コジェネレーションによる地域冷暖房システムを広めていく。

鉄鋼は、新設の高炉での水素還元製鉄を導入し、海外での鉄鋼プラントに売り込む。

二〇―三〇年では、早くから米国と共同で超音速旅客機の開発を進めておいて、実現に努力する。

このように水素エネルギーには非常に大きな可能性がある。

水素エネルギーは日本を救う。そして水素エネルギーは地球を救う。

したがって、日本は水素エネルギーによって地球を救うのに大きく貢献する。

このような超長期戦略の大前提になるのが、国民に水素エネルギー社会の構築こそが日本の将来のパワーになること、それには原子力エネルギーの利用が不可欠であることを十分に理解してもらうことだ。これは未来の日本に向けて、安倍《あべ》内閣が果たすべき最大の責務である。

これから三〇年かけて水素エネルギー社会の構築を達成できれば、日本は世界で確たる地位を維持して、今と同様の誇りを、国民は持ち続けることができる。できなければ、日本は落魄《らくはく》した国家になる。

結びに

水素都市を宣言し路面電車を旗頭に

序章で述べたように、政府の大規模な経済対策として最も有力なのが、水素エネルギー利用を、ただちに推進することだ。水素エネルギー利用で、今すぐになすべきこと、できることはいくらでもある。その一つ一つを着実に実施していけば、経済的波及効果は大きく内需は確実に拡大する。

その主体になるのは、まずは地方自治体だ。一県に一つ以上の市で水素都市を宣言する。そして、水素の調達を確保し、輸送、貯蔵の設備を整備して、市内の多くの事業体に水素の利用を促す。先駆しているのは北九州市であり、「北九州水素タウン構想」を掲げて、福岡県の協力によって各種の水素利用の実証を開始している。

水素都市が実施する第一は水素発電路面電車であり、これを水素都市で行なう事業の旗頭とする。華やかで大型で目に付く路面電車が街を走れば、街が変わっていくことを予感させて地方都市を活性化する。住民が路面電車に誘い出されて街に出て、近隣の町村からも大勢の人が来て、食べて買って、その経済的波及効果は非常に大きいはずだ。

また、海外からの観光客を増やす効果も大きい。道路を走って路線もシンプルである路面電車は、観光客にとっては利用しやすく、とても便利な交通機関だ。日本の新たな魅力になるのは間違いない。

一九七〇年代に入って車社会が始まると、路面電車は邪魔者扱いされて次々と廃止されたが、欧州では逆に、車が渋滞するから路面電車で車を減らそうという発想をしている。日本も考え方を変える時だ。

水素発電路面電車の実用化はすぐにも可能であり、価格面で、それほど高価ではない。車体はとても大きいが、時速三、四〇キロでゆっくり走るので出力は大きくなく、乗用車三、四台分の水素発電装置で間に合うだろう。

路面電車にはＬＲＴという新しいタイプが生まれている。ＬＲＴはライトレールトランジットの略で、低床式が特徴であり高齢者の乗降に便利だ。富山市がＬＲＴを二路線で導入している。一つは廃線になったＪＲ富山港線を走っているが、利用者は休日にはＪＲ時代の三、四倍になっている。宇都宮市もＬＲＴ導入の計画を進めている。

水素ステーション設置の得策

水素都市の事業の第二は、バス、トラック、タクシーへの水素発電自動車の導入だ。これらの車種は長い航続距離の利点が活かせて、また水素ステーションを車両基地に設置できて都合がいい。五億円もする水素ステーションは設置が始まっているが、現状では利用者は非常に少ないのが難点だ。車両基地であれば毎日大量に利用できる。

水素発電バスは、東京都が二〇二〇年までに一〇〇台以上の導入を決めている。都バスの車両数は全体で一四五〇台だが、水素発電バスが７％ほどを占めることになる。

トラックは、ヤマト運輸が水素発電トラックの走行実験を開始している。宅配便業者の営業所に水素ステーションを設置してもらうよう、市と政府が大幅な補助金を出すべきだ。一般の水素発電自動車も利用できるので、補助する意味がある。ヤマト運輸は全国で五万台、佐川急便は二万五〇〇〇台のトラックを保有するから、採用の比率は小さくても効果は大きい。

タクシーは、水素発電自動車であることが一目で分かるようにすれば、街を流していて客の目に止まる確率は高くなる。大手のタクシー会社は宣伝にもなる。車両基地に設置する水素ステーションには、市が補助金を出す。

一般の水素発電自動車は、水素の入手が難しいという大問題がある。政府は数年内に全国で一〇〇―二〇〇カ所設置する予定だが、そのほとんどは巨大都市であり、地方都市はわずかだ。そこでバス、トラック、タクシーの基地、宅配業者の営業所に補助金を出して設置してもらうことは普及に大きな効果がある。

コジェネレーションを広げて電力自由化に参入

事業の第三は、温水、熱水を大量に必要とする各種の事業体が、水素発電装置によるコジェネレーションを、どしどしと導入するよう働きかけることだ。発電の廃熱でお湯を作るので、効率が大きく向上して経済的になり、温室効果ガス削減にも貢献する。

まずは銭湯、スーパー銭湯、スパだ。日本は銭湯文化の国であり、廃熱利用でコストを下げ利用料を下げれば、入浴客は大きく増える。市が水素発電によるコジェネレーションに補助金を出せば需要は拡大する。

お湯を大量に必要とするのは温水プールだ。今はその燃料費が大きな負担になって増えない状況だが、廃熱利用で負担軽減になるので、市が補助金を出せば新たな事業者が出るだろう。高齢者が利用すれば健康維持につながるので、補助金を出す意義がある。

次は、大量のお湯を使うホテルである。海外からの観光客が急増する時代が始まったが、全国各地でホテルが決定的に不足している。今はホテルにコジェネレーションを普及させる絶好のチャンスだが、市が強く働きかければ、導入するホテルは多いだろう。

またレストランも、特に中華料理店は油で汚れた皿を洗うのに大量のお湯が必要になるのでコジェネレーションが役立つ。レストランが多い商業施設も採用する可能性がある。

お湯を大量に使用する事業体は大型の水素発電装置を設置して、電力が余る。そこで地域全体のコジェネレーションによる余剰電力を集めて市内で販売できるが、その事業体を市が設立する。まさにエネルギーの地産地消である。

家庭用の「エネファーム」もコジェネレーションだ。一六〇万円に下がったが、まだ高価だ。政府の補助金は一〇数万円だが、市も同様な補助金を出せば市内で普及が早まる。普及すれば地域の災害時非常用電源システムになるので、補助の意義がある。

こうして水素都市造りを進めて、水素利用の事業体を増やせば、水素生産事業者から大量に購入することになり、水素の輸送、貯蔵が効率的にできるようになって、水素供給体制が整う。市がその先頭に立つのだ。

経済産業省の出番

水素エネルギー社会へただちに動き出すための、政府の役割も非常に大きい。その第一は、水素都市の促進に関する法律を制定して、全国で大きく増やすことだ。

これについては過去に似た事例があり、一九八〇年代に生まれたテクノポリス、つまり高度技術集積都市がそれだ。当初は全国で三つか四つほど設ける計画であったが、各地域から要望が殺到して、二六ケ所にもなった。

ところが造成した広大な敷地は空所が多く、成功とは言えなかった。テクノポリスは企業などの研究所を誘致する他力本願であり、二六もの地域は多すぎたのだ。

だが、水素都市は市の自らの努力で成功させることができる。またさまざまな面で市民に直接にプラスになるものだ。そして、将来は必ず、日本の都市、町村のすべてが水素エネルギー社会に組み込まれるのであり、失敗はありえない。

したがって、水素都市はテクノポリスと違って、多ければ多いほどいいのだ。まずは、各県に必ず一つは設けて、二つあるいは三つでも良く、全国で七、八〇ほどの水素都市を誕生させる。

政府がなすべき第二は、水素発電装置を大量に生産するための方策を考え出すことだ。実のところ、これがたいへんな難関ではある。トヨタ、ホンダは乗用車用、東芝、パナソニック、アイシン精機などは家庭用を生産しているが、当面は需要が少ないと見て、各社はそれに合わせた生産体制を取っていて、台数として大きくはない。

それをいかにして格段に大きい量産体制に進めさせることができるか。また他の多くの企業の生産への参入を促さないといけない。では、技術はどうするのか。

これは経済産業省に必死になって頑張ってもらわねばならない。第三章で述べたように、日本は皆で成功する国だ。この皆は、通常は企業の皆だが、皆が日本の国になることがありえるのが日本の強さだ。日本の将来のために絶対に必要であると経済産業省が説けば、技術を持っている企業は技術を出して、技能を持っている企業は技能を出して、水素発電装置の大量生産に向けて、できる限りの努力をするに違いない。それができるのが日本だ。

政府がなすべき第三は、水素エネルギー利用に関するあらゆる技術の研究、技術開発にできる限り多くの企業の参入を促すことだ。水素発電は効率が高い有望なタイプが種々あり、その研究開発にできるだけ多くの企業に取り組んでもらう。その他にも水素エンジン、水素ガスタービン、コジェネレーション、水素の輸送と貯蔵、それに用いるCFRPなど素材があって、必要な技術はとても多い。参入を願っている企業は非常に多いはずだ。

だが多くの企業は、水素の大きな将来性は認めながらも、すぐにも大々的な研究、技術開発には進めない。しかし水素都市が大きく動いて近い将来の可能性が見えてくれば、次々に乗り出すだろう。それを強く動き出させるのは、政府、経済産業省の役割だ。そこで、大型の政府プロジェクトを組み、研究開発投資に対して格別の優遇措置を設けるなどの政策で働きかけるのだ。

今は、企業が設備投資にどうにも積極的ではない。それが、経済が上向きにならない大きな原因である。それを積極的な姿勢に変えさせるのに大きな可能性があるのは、水素エネルギーに関する投資である。かつて電子産業育成に通産省が大きな役割を果たした。新たな水素エネルギー事業の育成に経済産業省の出番が来た。

この水素エネルギー利用を何とかして進めていく成長戦略でこそ、日本経済は上昇のきっかけを摑《つか》める。この速やかな水素都市建設の大きな意義は、日本が水素エネルギー利用で世界を圧倒的に引き離すことだ。それでこそ、長期にわたって世界を大きくリードできる。水素関連産業が世界で大活躍できて、日本の産業の旗頭になるだろう。

切りとり線

★読者のみなさまにお願い

この本をお読みになって、どんな感想をお持ちでしょうか。祥伝社のホームページから書評をお送りいただけたら、ありがたく存じます。今後の企画の参考にさせていただきます。また、次ページの原稿用紙を切り取り、左記まで郵送していただいても結構です。

お寄せいただいた書評は、ご了解のうえ新聞・雑誌などを通じて紹介させていただくこともあります。採用の場合は、特製図書カードを差しあげます。

なお、ご記入いただいたお名前、ご住所、ご連絡先等は、書評紹介の事前了解、謝礼のお届け以外の目的で利用することはありません。また、それらの情報を6カ月を越えて保管することもありません。

〒101-8701（お手紙は郵便番号だけで届きます）
祥伝社新書編集部
電話03（3265）2310
祥伝社ホームページ　http://www.shodensha.co.jp/bookreview/

★本書の購買動機（新聞名か雑誌名、あるいは○をつけてください）

＿＿＿＿新聞の広告を見て	＿＿＿＿誌の広告を見て	＿＿＿＿新聞の書評を見て	＿＿＿＿誌の書評を見て	書店で見かけて	知人のすすめで

★100字書評……水素エネルギーで甦《よみがえ》る技術大国・日本

名前

住所

年齢

職業

森谷正規　もりたに・まさのり

1935年生まれ。東京大学工学部卒業。日立造船、野村総合研究所、東京大学先端科学技術研究センター客員教授、放送大学教授などを歴任。専攻は現代技術論。1985年に『日本・中国・韓国産業技術比較』（東洋経済新報社）で第1回大平正芳記念賞受賞。祥伝社からはノンブック『国際比較 日本の技術力』『よみがえる日本の技術力』、単行本『捨てよ！先端技術』、最近の著作に『日本はこれからも経済一流国だ』（PHP研究所）、『5年後、企業・技術はこう変わる』（ビジネス社）、『政治は技術にどうかかわってきたか』（朝日選書）、『原発こそ日本を救う』（エネルギー・フォーラム）等。

水素《すいそ》エネルギーで甦《よみがえ》る技術大国《ぎじゅつたいこく》・日本《にほん》

森谷正規《もりたにまさのり》

2016年10月10日　初版第1刷発行

発行者……………辻 浩明
発行所……………祥伝社《しょうでんしゃ》
〒101-8701　東京都千代田区神田神保町3-3
電話　03(3265)2081(販売部)
電話　03(3265)2310(編集部)
電話　03(3265)3622(業務部)
ホームページ　http://www.shodensha.co.jp/

装丁者……………盛川和洋
印刷所……………萩原印刷
製本所……………ナショナル製本

Printed in Japan　ISBN978-4-396-11483-1　C0260